国語《こくご》おもしろ発見《はっけん》クラブ

きみの日本語《にほんご》、
だいじょうぶ？

むかしの言《こと》葉《ば》

山口理 著

はじめに

この巻《かん》では、「むかしの言葉《ことば》」について勉強《べんきょう》するよ。ひとくちに「むかし」といっても、どれくらいむかしのことなんだろう。江戸時代《えどじだい》？ 戦国時代《せんごくじだい》？ それとも明治時代《めいじじだい》？

この本《ほん》では、およそ千三百年前《ねんまえ》に書《か》かれた、日本《にほん》で最《もっと》も古《ふる》い歴史書《れきししょ》といわれる『古事記《こじき》』からも文章《ぶんしょう》・言葉《ことば》を引用《いんよう》しているんだ。時代《じだい》でいえば「奈良時代《ならじだい》」だね。そこからはじまって、平安時代《へいあんじだい》、鎌倉時代《かまくらじだい》、室町時代《むろまちじだい》…と、いろいろな時代《じだい》の言葉《ことば》について紹介《しょうかい》しているよ。

平安時代《へいあんじだい》の中期《ちゅうき》に、清少納言《せいしょうなごん》という人《ひと》が書《か》いた『枕草子《まくらのそうし》』という書物《しょもつ》がある。その中《なか》に、「ありがたきもの、舅《しゅうと》にほめらるる婿《むこ》。また、姑《しゅうとめ》に思《おも》はるる嫁《よめ》の君《きみ》」という文章《ぶんしょう》がある。この「ありがたき」に注目《ちゅうもく》してみよう。ありがたき（ありがたい）といえば、「うれしい気持《きも》ち」「感謝《かんしゃ》したい気持《きも》ち」のことだよね。けれど、『枕草子《まくらのそうし》』に書《か》かれた「ありがたき」は、まったく別《べつ》の意味《いみ》を持《も》っている。この文章《ぶんしょう》を訳《やく》してみると、

「めったにないもの。それは舅《しゅうと》（夫《おっと》または妻《つま》の父《ちち》）にほめられるお婿《むこ》さん。また姑《しゅうとめ》（夫《おっと》または妻《つま》の母《はは》）にだいじにされるお嫁《よめ》さん」

ということになる。「ありがたき」という言葉《ことば》の意味《いみ》が、現代《げんだい》とは大《おお》きくちがっているだろう？

このように、むかしの言葉《ことば》をさぐっていくと、おもしろい発見《はっけん》がたくさんあるんだ。

今度《こんど》はもう少《すこ》し時代《じだい》を現代《げんだい》に近《ちか》づけてみよう。

「きみがそんなことを言《い》うなんて、片腹痛《かたはらいた》いよ」

これ、どんな意味《いみ》だかわかるかな？　これは、

「きみがそんなことを言《い》うなんて、ちゃんちゃらおかしいよ」

という意味《いみ》なんだ。この「片腹痛《かたはらいた》い」は、江戸時代《えどじだい》あたりによく使《つか》われていた言葉《ことば》らしいよ。さあ、もっと現代《げんだい》に近《ちか》づけよう。

「おかあさんのたなごころって、温《あたた》かいな」

さて、「たなごころ」って、なんだろう。これはつい最近《さいきん》まではふつうに使《つか》われていた言《こと》葉《ば》で「手《て》のひら」のことなんだ。このように、言葉《ことば》というのは、時代《じだい》とともに変化《へんか》してきているんだね。

そして、最近《さいきん》よく「日本語《にほんご》の乱《みだ》れ」ということが話題《わだい》になるね。

たとえば、「食《た》べれない」などの「ら抜《ぬ》き言葉《ことば》」や「ぜんぜん大丈夫《だいじょうぶ》ですよ」といった表《ひょう》現《げん》だ。このような日本語《にほんご》の乱《みだ》れに対《たい》する指摘《してき》は山《やま》ほどされている。美《うつく》しい言葉《ことば》、正《ただ》しい言葉《ことば》づかいは守《まも》っていきたいもの。それはたしかだ。けれど、時代《じだい》とともに移《うつ》り変《か》わっていくのも、また言葉《ことば》の持《も》つひとつのあり方《かた》といえるんじゃないかな。

いまはもう使《つか》わなくなった言葉《ことば》、未来《みらい》にのこしておきたい言葉《ことば》。この巻《かん》を通《とお》して、きみは言葉《ことば》に対《たい》して、どんなイメージを持《も》つのかな？

さあ、ページを開《ひら》いて、むかしの言葉《ことば》の世界《せかい》をたっぷりのぞいてみよう！

もくじ

登場《とうじょう》キャラクター

カトリーヌ

（フランスからの留学生《りゅうがくせい》）

クラブの部長《ぶちょう》。言葉《ことば》の知識《ちしき》はピカ一《いち》。
するどい質問《しつもん》で、
先生《せんせい》をたじたじとさせる。

先生《せんせい》〈和戸一太郎《わどいちたろう》〉

（クラブの顧問《こもん》）

子《こ》どものころから言葉《ことば》について
興味《きょうみ》を持《も》ち、研究《けんきゅう》を続《つづ》けている
やさしい先生《せんせい》。

シューイン〈秀英〉

（中国《ちゅうごく》からの留学生《りゅうがくせい》）

ひょうきんでやさしいけれど、
かなりのんきな性格《せいかく》。
言葉《ことば》の知識《ちしき》もなかなかのもの。

ジョン

（アメリカからの留学生《りゅうがくせい》）

言葉《ことば》についてはくわしいが、
ときどき知《し》ったかぶりをして、
みんなをあきれさせる。

著者●山口《やまぐち》　理《さとし》

千葉県在住。大学在学中に、高校で代用教員として国語の教鞭を執る。のちに千葉県内の小学校教員として勤務したあと、執筆生活に入る。創作、ノンフィクション、評論、教育書と幅広く執筆し、講演活動も積極的に行っている。日本語関係の著書も多く、代表的なものに『準備いらずのクイックことば遊び』『準備いらずのクイック漢字遊び』（共にいかだ社）、『まんがで学ぶ四字熟語』『まんがで学ぶ語源』『まんがで学ぶ同音語』『まんがで学ぶ慣用句』（いずれも国土社）などがある。
日本児童文学者協会、および日本ペンクラブ会員。

カバーイラスト●榊原唯幸《さかきばらただゆき》

神奈川県在住。広告制作会社に勤務ののち、フリーのイラストレーターとして活動。作品に、Tokyo Disneyland ガイドマップ。「モノづくり解体新書」シリーズ（日刊工業新聞社）、「しらべ学習に役立つ日本の歴史」シリーズ（小峰書店）などがある。

本文イラスト●さくま良子《よしこ》

神奈川県在住。小学生むけの学習雑誌を中心に作品を執筆。おもな作品に「星のカービィ」シリーズ（てんとう虫コミックススペシャル）「あっぱれ！　はなちゃん」「まにゅ」「ポニャと神ちゃま」（いずれも小学館）などがある。

むかしの言葉《ことば》

●古《こ》語《ご》編《へん》

（意味《いみ》が変《か》わった言葉《ことば》）

ハイキング！ハイキング！
はあ〜っ空気《くうき》がおいしいですねぇ
ん？
パァーーッ
うわっ、なんだ、あの光《ひかり》！
UFO《ユーフォー》!?
ええっ!?
行《い》ってみよう！
あっ！
チリリ
う〜っ、いたたっ
う〜ん

おじょうさん、大丈夫《だいじょうぶ》ですか?
無礼者《ぶれいもの》! わしのいいなづけにふれるでない!
ぱしっ
いてーっ!
あやしいやつめ、何者《なにもの》じゃ!
そっちこそ!
いいなづけ?
結婚《けっこん》の約束《やくそく》をした人《ひと》ってことですよ
ここはどこじゃ 京《きょう》の屋敷《やしき》にいたはずなのに
京都《きょうと》?
庭《にわ》で友《とも》だちの牛若丸《うしわかまる》と話《はなし》をしていたら、とつぜん光《ひかり》につつまれて…
わ〜っ
そう、そう。
えっ
牛若丸《うしわかまる》!?

そなた牛若丸《うしわかまる》を知《し》っておるのか？
いや、知《し》ってるというか…
やつがもうすぐ鞍馬山《くらまやま》にあずけられてしまうというのでお別《わか》れをしておったのだ
鞍馬山《くらまやま》……
シューイン、どうしたの？
牛若丸《うしわかまる》って、源《みなもとの》義経《よしつね》の子《こ》どものときの名前《なまえ》です！
この人《ひと》たち、八百年《ねん》も前《まえ》の平安時代《へいあんじだい》からタイムスリップしてきたんです！
うそ…
たいむすりっぷ？
あのですね…
かくかくしかじか…

なるほど…
これは不可思議《ふかしぎ》なことがあるものよ
どうやったら帰《かえ》れるのかはわからないけど、それまではわたしたちがかくまってあげる
えっ
かくまうって、どこに？
えっと…
それはやっぱり…
和戸先生《わどせんせい》、お願《ねが》いしまぁす
え〜っ
「なごん」と「こまち」じゃ
さっそくこの世界《せかい》を案内《あんない》してたもれ

あからさまに

古《こ》語《ご》編《へん》（意《い》味《み》が変《か》わった言葉《ことば》）

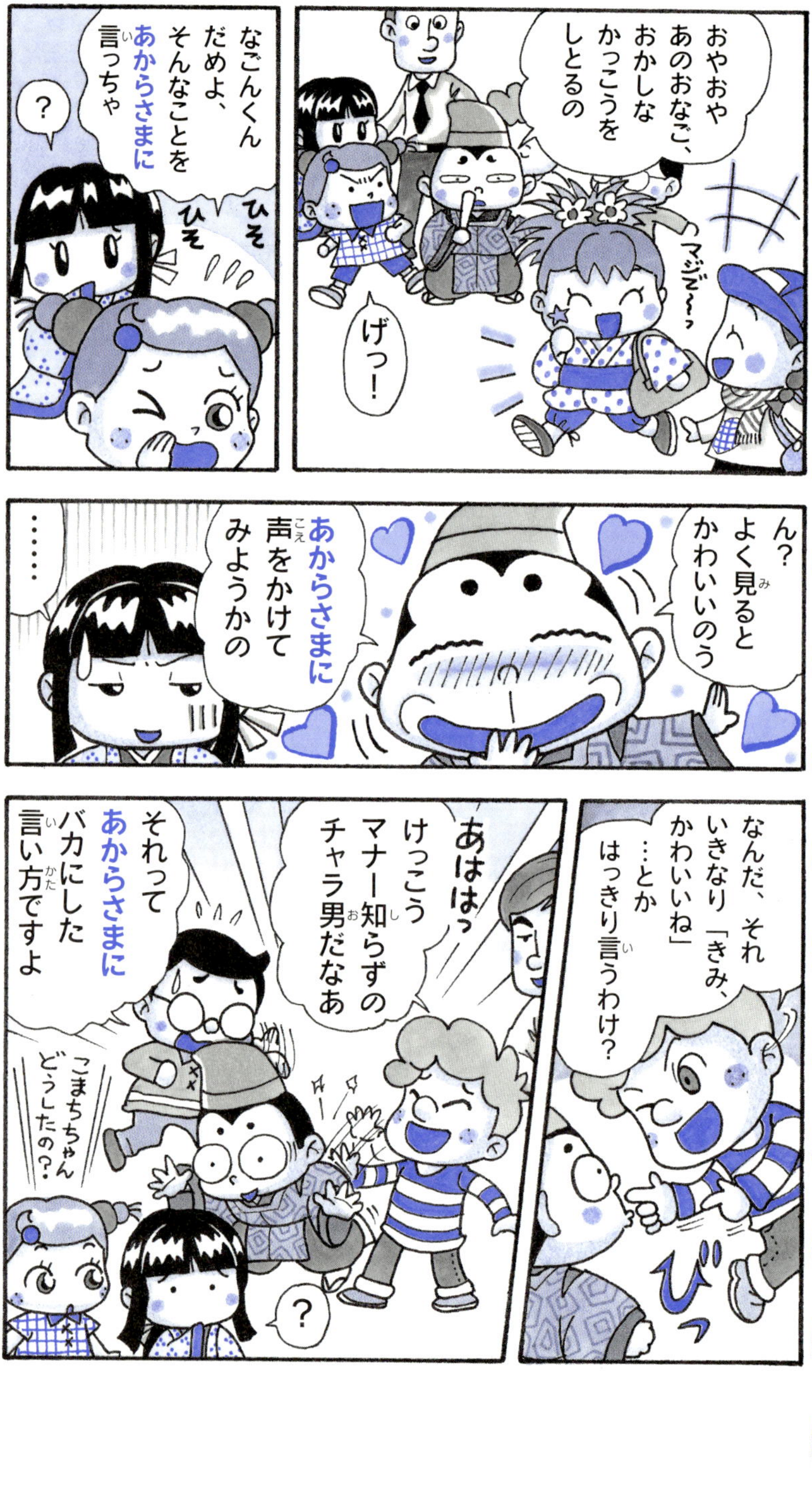

現代《げんだい》の意味《いみ》

はっきりと。かくさずに。ありのままに。

用例《ようれい》

リレーで追《お》いぬきながら、「きみは、足《あし》がおそいね」と、あからさまに言《い》われた。

古語《こご》での意味《いみ》

時間《じかん》の短《みじか》いさま。かりに。ちょっと。一時的《いちじてき》に。

引用《いんよう》

つぎざまの人《ひと》は、あからさまに立《た》ち出《い》でても、今《きょ》日《う》ありつる事《こと》とて…。『徒然草《つれづれぐさ》』

訳《やく》

教養《きょうよう》のない人《ひと》は、ちょっと外出《がいしゅつ》しただけなのに、「きょうは、こんなことがあったよ」と言《い》って…。

カトリーヌ
こまちちゃん、どうして首《くび》をかしげてたのかしら。

シューイン
だって、なごんくんの失礼《しつれい》な言《い》い方《かた》を注意《ちゅうい》するのに、「ちょっと言《い》っちゃだめ」では、へんでしょう。

ジョン
そうか。「あからさまに」は、むかしの言葉《ことば》では「ちょっと」っていう意味《いみ》だからな。

先生
むかしなら「あからさまに（ちょっと）あそびに行《い》ってくる」とか言《い》うんだろうね。

カトリーヌ
まあ。じゃあ、なごんくんは、「ちょっと声《こえ》をかけてみよう」みたいな感《かん》じのことを言《い》ってたのね。こまちちゃんがあきれるわけだわ。

ジョン
それって、おれみたいなイケメンの男《おとこ》が言《い》う言葉《ことば》だぜ。

先生
そんなこと、「あからさまに」（ちょっと）でも言《い》ったら、笑《わら》われるぞ。

あさまし（あさましい）

うおっ!!
デパート
もぐもぐ
ごくごく
なんとまあ、あさましいことよ
ホントに
現代《げんだい》じゃあれくらいのことちっともあさましくなんかないよ
あははっ
そうそう、そんなにいやしいことじゃないのよ
そのうちなれますよ ぼくもしょっちゅうやってます
なんと！シューインも!?
あのような髪《かみ》の色《いろ》や異様《いよう》に長《なが》いまつげをか？
やばっ！つけまつげが…
えっ？
立《た》ち食《ぐ》いのことを言《い》ってたんじゃないの？
あさましい〜

現代《げんだい》の意味《いみ》

心《こころ》がいやしい。さもしい。あまりのひどさに、あきれてしまう。情《なさ》けなくて言葉《ことば》も出《で》ない。

用例《ようれい》

いくらおいしいからといって、お皿《さら》までなめるなんて、あさましいわよ。

古語《こご》での意味《いみ》

思《おも》いもしないこと。意外《いがい》なこと。おどろくような様子《ようす》。

引用《いんよう》

みしみしとなるを、あさましと見《み》るほどに…。

『今昔物語集《こんじゃくものがたりしゅう》』

訳《やく》

(矢竹《やだけ》が)バキバキとくだけてしまい、それを見《み》ていたお付《つ》きの者《もの》は、ひじょうにおどろいて…。

カトリーヌ

二人《ふたり》とも、「ひどい」とか「みっともない」と言《い》ってたんじゃないのね。

ジョン

現代《げんだい》だと、シューインみたいに、意地《いじ》きたないことをいうけどな。

シューイン

それ、ひどいです。ぼくはただ、おいしいものに目《め》がないだけですよ。

先生

二人《ふたり》は、つけまつげをしていることや、髪《かみ》を茶色《ちゃいろ》や金色《きんいろ》に染《そ》めている女《おんな》の人《ひと》を見《み》て、単純《たんじゅん》に「おどろいた」って言《い》っただけなんだよ。

カトリーヌ

ああいうファッションが、いやだったのかしらね。

先生

いや、そうじゃなくて、古語《こご》の「あさまし」は、よいこと、悪《わる》いこと関係《かんけい》なく、びっくりしたときに使《つか》った言葉《ことば》なんだ。

ジョン

じゃあ、シューインが給食《きゅうしょく》のおかわりをしなかったら、「あさまし」って言《い》ってもいいんだな。

あした

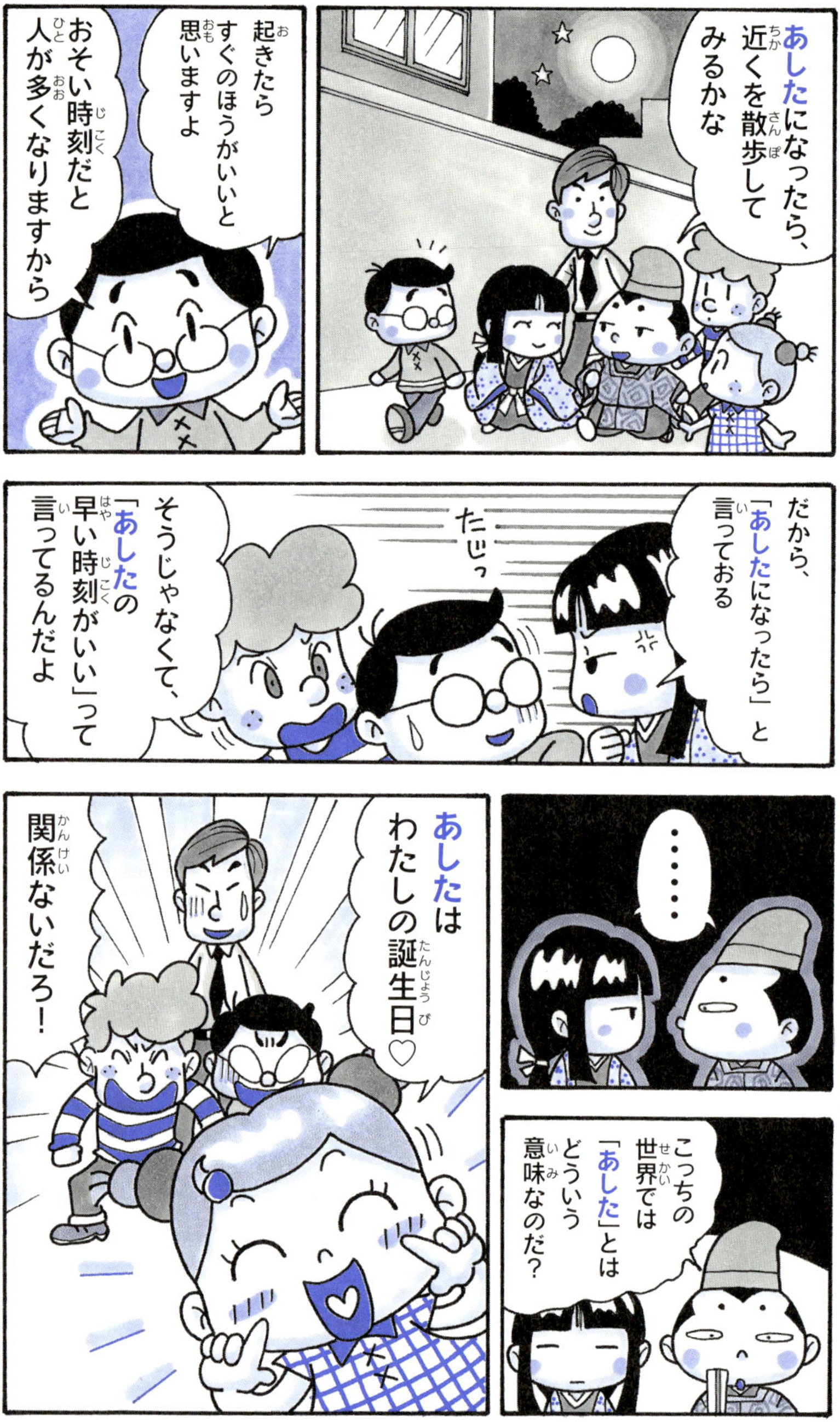
あしたになったら、近《ちか》くを散歩《さんぽ》してみるかな
起《お》きたらすぐのほうがいいと思《おも》いますよ
おそい時刻《じこく》だと人《ひと》が多《おお》くなりますから
だから、「あしたになったら」と言《い》っておる
たじっ
そうじゃなくて、「あしたの早《はや》い時刻《じこく》がいい」って言《い》ってるんだよ
……
こっちの世界《せかい》では「あした」とはどういう意味《いみ》なのだ？
あしたはわたしの誕生日《たんじょうび》♡
関係《かんけい》ないだろ！

現代《げんだい》の意味《いみ》

きょうの次《つぎ》の日《ひ》。翌日《よくじつ》。

用例《ようれい》

朝《あさ》、お母《かあ》さんがあわてて お弁当《べんとう》を作《つく》っていた。ぼくが「校外学習《こうがいがくしゅう》はあしただよ」と言《い》ったら、がっかりしていた。

古語《こご》での意味《いみ》

朝《あさ》。夜《よ》が明《あ》けて明《あか》るくなったころ。翌朝《よくあさ》。

引用《いんよう》

雪《ゆき》のおもしろう降《ふ》りたりし朝《あした》、人《ひと》のがり言《い》ふべき事《こと》ありて、文《ふみ》をやるとて…。

「徒然草《つれづれぐさ》」

訳《やく》

雪《ゆき》が、おもむき深《ふか》く降《ふ》りつもった朝《あさ》、ある人《ひと》のもとに伝《つた》えることがあって、手紙《てがみ》を送《おく》ったのだが…。

ジョン

「朝《あさ》」のことを「あした」っていうなんて、なんかまぎらわしいな。

シューイン

でも、そのほうがもともとの意味《いみ》なんですよ。

カトリーヌ

わたし知《し》ってる。さいしょは「あけしだ（明時）」って言《い》ってたのよ。「夜《よ》が明《あ》ける」の「明《あ》け」に、「時《とき》」を意味《いみ》する「しだ」がくっついて「あけしだ」になったのよね。

先生

よく知《し》ってるね。「あけしだ」が変化《へんか》して、「あした（朝）」になって、次第《しだい》に、現代《げんだい》の意味《いみ》の「翌日《よくじつ》（あした）」になったんだよ。

カトリーヌ

それで二人《ふたり》とも、ふしぎな顔《かお》をしていたのね。

シューイン

それじゃ朝《あさ》ご飯《はん》のことは、「あしたご飯《はん》」って言《い》ったんでしょうかね。

ジョン

シューインはどうしても、食《た》べものの話題《わだい》になるな。

あはれ《わ》（あわれ）

なごん、月《つき》が…
こっちの世界《せかい》でも月《つき》は変《か》わらず美《うつく》しいのだな
ああ、なんとあはれ《わ》なことよ
本当《ほんとう》に
そんなに自分《じぶん》を気《き》の毒《どく》がっちゃいけません！
そうよ！ちっともあわれなことなんかないのよ
おうっ、なれちまえばこっちの世界《せかい》もなかなかいいもんだぜ
そうです、おいしものもたくさんありますよ
肉《にく》まんでしょー ラーメンでしょー ギョウザに カツどん…
ええいっ、もののあはれ《わ》のわからんやつらだ！
？

現代《げんだい》の意味《いみ》
気《き》の毒《どく》。かわいそう。みじめ。

用例《ようれい》
あの子《こ》、名前《なまえ》を書《か》き忘《わす》れてテストが0点《てん》だったうえに、転《ころ》んで腕《うで》の骨《ほね》を折《お》ったの。なんだかあわれねえ。

古語《こご》での意味《いみ》
「ああ」などの、深《ふか》く感動《かんどう》したときに発《はっ》する声《こえ》。心《こころ》にしみいるような情緒《じょうちょ》や美《うつく》しさなどを感《かん》じること。おもむきがあること。

引用《いんよう》
野分《のわき》のまたの日《ひ》こそ、いみじうあはれ《わ》にを《お》かしけれ。
『枕草子《まくらのそうし》』

訳《やく》
台風《たいふう》の翌日《よくじつ》は、とてもおもむきがあっておもしろい。

カトリーヌ

むかしと現代《げんだい》で、ずいぶん意味《いみ》がちがうわね。まるで正反対《せいはんたい》じゃないの。

シューイン

そうですね。感動《かんどう》したときに発《はっ》する声《こえ》なんて、むしろうれしい気持《きも》ちですもんね。

ジョン

引用《いんよう》に出《で》てきた「を《お》かしけれ」と意味《いみ》が似《に》てるような気《き》がするんだよな。

先生

いいところに気《き》がついたね。ジョンもいいこと言《い》うなあ…おっと失礼《しつれい》。そうなんだ。「あはれ《わ》」はおもむきがある、「を《お》かし」は、おもしろいだものね。

シューイン

わかった！　「あはれ《わ》」は、しみじみとしたイメージで、「を《お》かし」は、明《あか》るい感《かん》じの言葉《ことば》なんじゃないですか？

先生

そのとおり。「あはれ《わ》」は、ああ、しみじみするなあという感《かん》じ。「を《お》かし」は風情《ふぜい》があっていい感《かん》じかな。つまり、「あはれ《わ》」は、内面《ないめん》にしみじみとしみこむような感《かん》動《どう》、「を《お》かし」は明《あか》るく晴《は》れやかな感動《かんどう》だね。

あらまし

うわっ、あのおばさん、すごい厚化粧《あつげしょう》！
ど〜〜んっ
みんないつまでも若《わか》くあらましとあのようにしておるのであろう
えっ、あらまし？お化粧《けしょう》の？
え〜っと、ファンデーションをぬって〜チーク入れて〜、それから・・・
そういうことを言《い》ったんじゃないと思《おも》いますよ
それにしてもこまちちゃんは、お化粧《けしょう》なんかしなくてもとってもかわいいよね
だからわしのいいなづけにふれるなーっ！
無礼者《ぶれいもの》ーっ！
ばしーんっ
平安時代《へいあんじだい》の女《おんな》もつええーっ！
ぷぷっ

現代《げんだい》の意味《いみ》

だいたい。おおよそ。概略《がいりゃく》。

用例《ようれい》

お話《はなし》を書《か》くなら、まず あらましを書《か》くべきだ。

古語《こご》での意味《いみ》

そうあってほしいと願《ねが》うこと。

引用《いんよう》

おほ《お》や《よ》う、人《ひと》を見《み》るに、少《すこ》し心《こころ》あるきはは、皆《みな》、このあらましにてぞ一期《いちご》は過《す》ぐめる。

『徒然草《つれづれぐさ》』

訳《やく》

だいたい、世間《せけん》の人《ひと》を見《み》ると、多少《たしょう》ものがわかるていどの人《ひと》たちは、みんなこのように「こうなるだろう」「こうあってほしい」と思《おも》いながら、ものごとに追《お》われる状態《じょうたい》で一生《いっしょう》を終《お》えてしまうようだ。

シューイン

現代《げんだい》だと、「作文《さくぶん》のあらまし」とか「この映画《えいが》のあらまし」とかいいますよね。

カトリーヌ

これは動詞《どうし》の「あり」に、推量《すいりょう》をあらわす助動詞《じょどうし》「まし」がついた言葉《ことば》よ。

シューイン

むずかしいことを言《い》いますね。つまり「ある」＋「だろう」ですね。

先生

でも、もともとは「願《ねが》い」や「希望《きぼう》」をあらわす言葉《ことば》だったんだ。

カトリーヌ

じゃあ、なごんくんは「若《わか》くありたいと願《ねが》って」という意《い》味《み》で言《い》ったのね。

先生

そうだね。やがてそれに「〜だろう」「〜であってほしい」という、「予想《よそう》」や「計画《けいかく》」の意味《いみ》がくわわってきたんだよ。現代《げんだい》の意味《いみ》になったのは、中世《ちゅうせい》（鎌倉時代《かまくらじだい》から室町時代《むろまちじだい》）の終《お》わりごろからだろうといわれているよ。

ありがたし（ありがたい）

ふう〜っ、汗《あせ》かいた〜
これ使《つか》いなよ
おっ、ありがたい
それを貸《か》すことがそんなにめずらしいことなのか？
はあ？
どうぞ
やあ、ありがたい
あの者《もの》、ふだんはそうとう意地悪《いじわる》なのか？
カトリーヌ、ごみが…
すっ…
あら、ありがたいわ
わたしをどんなおなごと思《おも》っておるのじゃーー！
なんかまた、意味《いみ》がちがったみたい

現代《げんだい》の意味《いみ》
うれしい気持《きも》ち。相手《あいて》がしてくれたことに対《たい》して感謝《かんしゃ》したい。親切《しんせつ》が身《み》にしみる。

用例《ようれい》
テストのときに消《け》しゴムを落《お》としたら、ありがたいことに、となりの子《こ》が貸《か》してくれた。

古語《こご》での意味《いみ》
めずらしいこと。めったにない、きわめてまれなこと。

引用《いんよう》
かくありがたき人《ひと》に対《たい》面《めん》したるよろこび…。
『源氏物語《げんじものがたり》』桐壺《きりつぼ》

訳《やく》
このように、めったにないようなすばらしい人《ひと》に対面《たいめん》できた喜《よろこ》びを…。

ジョン

そうか。意味《いみ》がぜんぜんちがっていたんだ。それで、なごんのやつ、おどろいていたんだな。

シューイン

ハンカチを貸《か》したら、「これはなんとめずらしい」と言《い》ったことになりますからね。

カトリーヌ

こまちちゃんは、わたしの服《ふく》のごみをはらったら「あら、めずらしい」って言《い》われたんですものね。そりゃおこるわ。

先生

これは「あることがかたい（あることがむずかしい、めったにない）」という意味《いみ》の言葉《ことば》なんだ。古典《こてん》ではとても多《おお》く用《もち》いられている表現《ひょうげん》で、『御伽草子《おとぎぞうし》』『宇津保物語《うつほものがたり》』『万葉集《まんようしゅう》』などにも多《おお》く出《で》てくる言葉《ことば》なのさ。

シューイン

「生《い》きるのがむずかしい」といった意味《いみ》にもなりますね。

先生

うん。『源氏物語《げんじものがたり》』の東屋《あずまや》の巻《まき》の中《なか》にも、「世《よ》の中《なか》は、ありがたく、むつかしげなるものかな」という一節《せつ》があるよ。これは、「人《ひと》の世《よ》というものは、生《い》きにくくてわずらわしいものだ」という意味《いみ》だね。

いまいましい（いまいましい）

現代《げんだい》の意味《いみ》

腹立《はらだ》たしい。いらいらする。しゃくにさわる。頭《あたま》にくる。

用例《ようれい》

また、カラスにごみ箱《ばこ》をあらされた。まったくいまいましい。

古語《こご》での意味《いみ》

不吉《ふきつ》である。つつしむべきだ。

引用《いんよう》

ゆゆしき身《み》にはべれば、かくておはしますも、いまいましう、かたじけなく…。

『源氏物語《げんじものがたり》』桐壺《きりつぼ》

訳《やく》

（娘《むすめ》に先立《さきだ》たれた母《はは》という）不吉《ふきつ》な身《み》でございますので、若宮《わかみや》がここにこうしていらっしゃるのも、忌《い》みつつしむべきでもったいなく…。

「いまいましい」の「いま」は、「いむ」ということなんですね。

なんだよそれ。どういうことだい。

つまり「不吉《ふきつ》なことをきらう」ということね。

そうです。漢字《かんじ》では「忌《い》む」と書《か》きます。

あっ、身内《みうち》が亡《な》くなったときに「忌中《きちゅう》」って書《か》くよな。

そうだね。だから現代語《げんだいご》の「忌々《いまいま》しい」も、本当《ほんとう》はただ「腹《はら》が立《た》つ」というだけではなく、「のろいたいくらいの気持《きも》ち」ということなのさ。この言葉《ことば》は中世以後《ちゅうせいいご》、現代《げんだい》の意味《いみ》になったようだね。

だから、なごんくんとこまちちゃんは、不運続《ふうんつづ》きのジョンが、「不吉《ふきつ》」「縁起《えんぎ》が悪《わる》い」と思《おも》って「いまいましい」と言《い》ったんですね。

ただついてなかっただけなのに…。

古《こ》語《ご》編《へん》（意《い》味《み》が変《か》わった言《こと》葉《ば》）

うつくし（うつくしい）

まあ、なんて うつくし ねこでしょう
ああ、本当《ほんとう》に うつくし 子《こ》ねこだ
うつくしい…？ まだ かわいいっていう 感《かん》じじゃないの？
カトリーヌも うつくし おなごよ
やっぱし？
いやだぁ、そんな 本当《ほんとう》のこと 言《い》っちゃあ
おおっ、これは また うつくし 赤《あか》ん坊《ぼう》だ
男《おとこ》の子《こ》 ですけど〜
うつくし、うつくし
だぁーっ
たぶん また 意《い》味《み》が ちがうね…

現代《げんだい》の意味《いみ》

きれい。うるわしい。みごと。

用例《ようれい》

うちのお父《とう》さんは、うつくしい女《おんな》の人《ひと》を見《み》ると、すぐにでれ～っとする。

古語《こご》での意味《いみ》

かわいい。愛《あい》らしい。いとしい。

引用《いんよう》

うつくしきもの。瓜《うり》にかきたるちごの顔《かお》。雀《すずめ》の子《こ》の、ねず鳴《な》きするにをどり来《く》る。

『枕草子《まくらのそうし》』

訳《やく》

かわいらしいもの。瓜《うり》に描《えが》いた幼児《ようじ》の顔《かお》。雀《すずめ》の子《こ》が、人《ひと》がねずみの鳴《な》きまねをすると、おどるようにしてやってくること。

ジョン

やっぱりなあ。カトリーヌが「うつくしい」なんて、目《め》がどうかしちゃったんじゃないかと思《おも》ったぜ。

シューイン

でも、「かわいい」って言《い》われたんだから、いいじゃないですか。

カトリーヌ

まあね。だけど、子《こ》ねことか赤《あか》ちゃんと同《おな》じ見方《みかた》をされるっていうのもちょっと…。

先生

まあまあ。じつは現代語《げんだいご》と同《おな》じ、「きれい」という意味《いみ》もあるんだ。謡曲《ようきょく》の『羽衣《はごろも》』のなかに、「これなる松《まつ》にうつくしき衣《ころも》かかれり」という歌詞《かし》があるんだ。これは「この松《まつ》に、それはそれはきれいな衣《ころも》がかかっている」という意味《いみ》で、これは「天女《てんにょ》の羽衣《はごろも》」のことなんだよ。

シューイン

ふふっ、うまくまとめましたね、先生《せんせい》。

カトリーヌ

それに「りっぱ」とか「すぐれている」っていう意味《いみ》もあるんですって。やっぱり、わたしにぴったりの言葉《ことば》だわ。

古語《こご》編《へん》（意味《いみ》が変《か》わった言葉《ことば》）

おとなし（おとなしい）

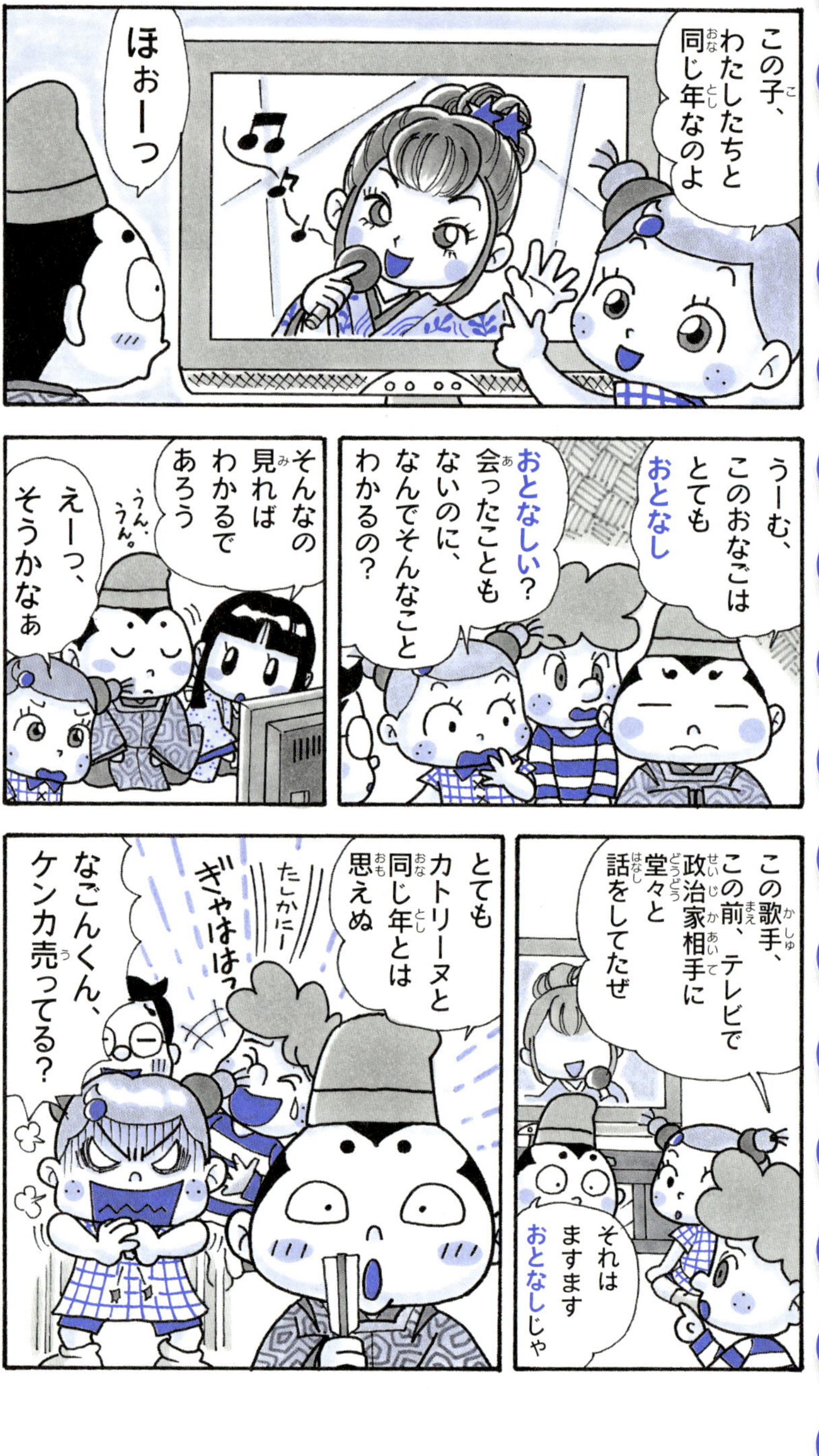

現代《げんだい》の意味《いみ》

素直《すなお》でおちついている。ものしずかで、おだやかである。

用例《ようれい》

妹《いもうと》は学校《がっこう》で「おとなしい」といわれているらしいが、家《いえ》では別人《べつじん》のように、おしゃべりになるんだ。

古語《こご》での意味《いみ》

おとなびている。一人前《いちにんまえ》の様子《ようす》である。

引用《いんよう》

かくおとなしくならせ給《たま》ひにける御齢《よわい》の程《ほど》も、夢《ゆめ》のや《よ》うになむ《ん》。『源氏物語《げんじものがたり》』橋姫《はしひめ》

訳《やく》

このようにすっかり大《おお》きくおなりになったご年齢《ねんれい》のほどを思《おも》うと、夢《ゆめ》のようでございます。

シューイン

「おとなし」って、漢字《かんじ》で書《か》くと「大人《おとな》し」っていうことなんですね。

ジョン

「音無《おとな》し」かと思《おも》ったぜ。

先生

ジョンのいう「音無《おとな》し」と書《か》いて「静《しず》かである、おとさたがない」という意味《いみ》の言葉《ことば》もあったんだよ。

カトリーヌ

なごんくんと、こまちちゃんは、テレビをみて、「おとなっぽい」って言《い》ったのね。

シューイン

おとなのように見《み》える、おとなとしての雰囲気《ふんいき》を持《も》っているということなんですね。

先生

同《おな》じ『源氏物語《げんじものがたり》』の紅葉賀《もみじのが》の巻《まき》にも「今日《きょう》よりは、おとなしくなり給《たま》へりや（きょうからは、一人前《いちにんまえ》のおとなのようになったのですね）」という文《ぶん》がある。同《おな》じ使《つか》い方《かた》だね。

カトリーヌ

「おとなびている」という意味《いみ》で「おとなしやか」っていう言葉《ことば》もあるわよ。

おどろく

古語編《こごへん》（意味《いみ》が変《か》わった言葉《ことば》）

現代《げんだい》の意味《いみ》

びっくりする。意外《いがい》なことに出《で》会《あ》って、心《こころ》が急《きゅう》にさわぐ。

用例《ようれい》

とつぜん背中《せなか》で「ワッ！」とさけばれたら、だれだっておどろく**よね。**

古語《こご》での意味《いみ》

ハッと気《き》づく。そういえばそうだと気《き》がつく。

引用《いんよう》

秋来《あきき》ぬと　目《め》にはさやかに　見《み》えねども　風《かぜ》の音《おと》にぞ　おどろかれぬる

『古今和歌集《こきんわかしゅう》』

訳《やく》

秋《あき》が来《き》たことを、目《め》ではっきりと確《たし》かめることはできないが、風《かぜ》の音《おと》がしてその気配《けはい》に気《き》づかされた。

おーいてえ。「おどろく」というのは、「ハッと気《き》がつく」ってことなのか。

お母《かあ》さんが鏡《かがみ》を見《み》て、白髪《しらが》を発見《はっけん》したときは、どっちの意《い》味《み》でしょうか。

それは現代《げんだい》の意味《いみ》のほうでしょう。じっくり見《み》て、しみじみ「年《とし》をとったわねえ」って思《おも》うんだったら、むかしの言葉《ことば》の意味《いみ》のほうじゃない？

さすがカトリーヌ。ちがいをしっかり理解《りかい》したね。ただ、むかしも現代《げんだい》と同《おな》じ「びっくりする」という意味《いみ》で使《つか》うことがあったんだ。たとえば、『源氏物語《げんじものがたり》』の桐壺《きりつぼ》の巻《まき》の中《なか》に「あながちに人目《ひとめ》おどろくばかり思《おぼ》されしも（むやみに人《ひと》が見《み》てびっくりするほど、いとしくお思《おも》いになったのも）」という文章《ぶんしょう》があるんだ。

カトリーヌがそんなこと知《し》ってたなんて、これこそ現代語《げんだいご》の「おどろき」だよな。

おろか

古語編《こごへん》（意味《いみ》が変《か》わった言葉《ことば》）

現代《げんだい》の意味《いみ》　ていどが劣《おと》ること。ばかげている。考《かんが》えが足《た》りないこと。

用例《ようれい》　**廊下《ろうか》をスキップして校《こう》長先生《ちょうせんせい》にぶつかった、おろかなやつはだれだい？**

古語《こご》での意味《いみ》　おろそか。いいかげん。軽《かる》くあつかう。

引用《いんよう》　**わづ《ず》かに二つの矢《や》、師《し》の前《まえ》にて一つをおろかにせんと思《おも》はんや。**『徒然草《つれづれぐさ》』

訳《やく》　ここにあるのは、たった二本《ほん》の矢《や》だ。師匠《ししょう》を前《まえ》にして、そのうちの一本《ぽん》をおろそかにしようなどと思《おも》うだろうか。

カトリーヌ　むかしの人《ひと》ならではの発想《はっそう》ね。

シューイン　そうです。ペットボトルにしても、紙《かみ》にしても、「おろそかにしてはいけない」って言《い》いたかったんですね。

ジョン　こりゃ「モッタイナイ」の元祖《がんそ》だな。

先生　これは「考《かんが》え方《かた》や心《こころ》がおろそか→いいかげん→ばか」というように、変化《へんか》していった言葉《ことば》なんだ。でも、『徒然草《つれづれぐさ》』の中《なか》に「おろかなることは、なほまさりたるものを（おろかであることとでは、やはりあの男《おとこ》より、はなはだしいものであるのに）」というように、現代《げんだい》と同《おな》じような意味《いみ》で使《つか》っている文章《ぶんしょう》もあるんだ。

カトリーヌ　ジョンはちょっと、勉強《べんきょう》に関《かん》して「おろか（軽《かる》くあつかっている）」みたいね。

ジョン　大《おお》きなお世話《せわ》！

かなし（かなしい）

古語編《こごへん》（意味《いみ》が変《か》わった言葉《ことば》）

現代《げんだい》の意味《いみ》

泣《な》きたくなるほどつらい気持《きも》ち。せつない。心《こころ》が痛《いた》んで、いたたまれない。

用例《ようれい》

お年玉《としだま》を落《お》としちゃった。とてもかなしい。これが本当《ほんとう》の「落《お》とし玉《だま》」だ。

古語《こご》での意味《いみ》

かわいくてたまらない。いとしくて、ずっと近《ちか》くに置《お》いておきたい気持《きも》ち。

引用《いんよう》

わがかなしと思《おも》ふむすめを仕《つこ》うまつらせばやと願《ねが》ひ…。

『源氏物語《げんじものがたり》』夕顔《ゆうがお》

訳《やく》

わたしがかわいくてたまらないと思《おも》っている娘《むすめ》をお仕《つか》えさせたいと願《ねが》い…。

カトリーヌ

なによ。泣《な》きまねして損《そん》しちゃったわ。

ジョン

「かなし」って「かわいい」っていうことだったのか。

シューイン

現代《げんだい》と同《おな》じ、「悲《かな》しい」っていう意味《いみ》はないんでしょうか。

先生

それもあるんだよ。『源氏物語《げんじものがたり》』の桐壺《きりつぼ》の巻《まき》には「かかる別《わか》れの悲《かな》しからぬはなきわざなるを…（このように〔親《おや》と子《こ》が〕別《わか》れることが、悲《かな》しくないはずもないのに…）」という文《ぶん》があるね。

カトリーヌ

漢字《かんじ》ではやっぱり「悲《かな》し」って書《か》くのかしら。

先生

いや、漢字《かんじ》では「愛《かな》し」って書《か》くんだ。こう書《か》くと、現代《げんだい》人《じん》でも「かわいい」という意味《いみ》に結《むす》びつくね。

シューイン

古典《こてん》に「かなしうす」という言葉《ことば》がよく出《で》てきますが、これは「愛《かな》しうす」と書《か》いて「かわいがる」という意味《いみ》なんですね。

きみ

古語編《こごへん》（意味《いみ》が変《か》わった言葉《ことば》）

ん? きみ、どうしたの?
え〜んっ
ははーっ!
ぺこっ
これはこれは、シューインの「きみ」とは知《し》らず!
ちょ…ちょっとなにやってんの?
ぜんぜん知《し》らない子《こ》よ
えっ
「きみ」ではござらぬのか
これは早《はや》トチリじゃでは、名《な》はなんと申《もう》す?
あたし貴《き》美《み》っていうの
ははーっ!
?
?
?
ぺこーっ

現代《げんだい》の意味《いみ》

あなた。おまえ。相手《あいて》のこと。

用例《ようれい》

自動販売機《じどうはんばいき》でジュースを買《か》ったら、おつりが出《で》ない。機械《きかい》をドンドンたたいていたら、おまわりさんが通《とお》りかかり、「きみ、なにしているのかね」と聞《き》かれてしまった。

古語《こご》での意味《いみ》

主君《しゅくん》。天皇《てんのう》。国家元首《こっかげんしゅ》。国王《こくおう》。

引用《いんよう》

命《いのち》を捨《す》てても、おのがきみの仰言《おおせごと》をばかなへ《え》むとこそ思《おも》ふ《う》べけれ。『竹取物語《たけとりものがたり》』

訳《やく》

たとえこの命《いのち》を捨《す》てても、自分《じぶん》の主君《しゅくん》のご命令《めいれい》を果《は》たそうと思《おも》うものであろう。

ジョン

現代《げんだい》じゃ、「きみ」なんて、ふつうに使《つか》ってるけどな。

カトリーヌ

ジョンは「おめえ」とか言《い》ってるじゃないの。むかしは、とても身分《みぶん》の高《たか》い人《ひと》に対《たい》して使《つか》った言葉《ことば》だったのね。

先生

これにも例外《れいがい》はあって、『古今和歌集《こきんわかしゅう》』には「春日野《かすがの》の 雪《ゆき》間《ま》をわけて おひ《い》いでくる 草《くさ》のはつかに 見《み》えし君《きみ》はも（春日野《かすがの》のまだ消《き》えのこる雪《ゆき》のあいだをかきわけて芽《め》を出《だ》す小《ちい》さな草《くさ》のように、ほんのわずかだけ姿《すがた》を見《み》せたあなたなんだなあ）」というように、「あなた」という意味《いみ》で使《つか》っている作品《さくひん》もあるんだよ。

シューイン

でも、なごんくんとこまちちゃんには、「ねえ、きみ」とはよばないほうがよさそうですね。

ジョン

自分《じぶん》がおれたちの主君《しゅくん》だと思《おも》って、いばられたりしたらいやだからな。

カトリーヌ

そうじゃなくって…。

ここら

古語編《こごへん》(意味《いみ》が変《か》わった言葉《ことば》)

ずら〜〜っ
ラーメン
ここら人《ひと》がおるのう
そりゃ、ここらは山《やま》の中《なか》じゃないからな
ここらへんは駅《えき》も近《ちか》いですし
そんなことはわかっておる
ただ、ここらいる、と言《い》っただけだ
だからここらだけじゃなくて、そこらにも人《ひと》はいるわよ!
こらこら、こら、こら
うるさい!
これ、コーラ!
コーラ
そのダジャレ30点《てん》

現代《げんだい》の意味《いみ》 このあたり。近《ちか》くのどこか。

用例《ようれい》 どこへ行《い》ったかなあ、きのう学校《がっこう》でもらったプリント。たしか、**ここら**に置《お》いたと思《おも》うんだけどなぁ。

古語《こご》での意味《いみ》 たくさん。数《かず》が多《おお》い。長《なが》いあいだ。ひじょうに。いっぱい。

引用《いんよう》 **ここら**船《ふね》に乗《の》りてまかりありくに、まだかくわびしき目《め》を見《み》ず。『竹取物語《たけとりものがたり》』

訳《やく》 何年《なんねん》も長《なが》いあいだ船《ふね》に乗《の》ってあちらこちらと出《で》かけていますが、いまだかつて、これほどつらい目《め》にあったことはありません。

ジョン
「ここら」が「たくさん」か。たしかに混《こ》んでたな、あのラーメン屋《や》。

カトリーヌ
引用《いんよう》の『竹取物語《たけとりものがたり》』では、ここらは「長《なが》いあいだ」という意味《いみ》になっていたわね。

先生
現代《げんだい》の言葉《ことば》でも同《おな》じだけど、一つの言葉《ことば》で、いくつもの意《い》味《み》を持《も》っているものが少《すく》なくないからね。

シューイン
たとえば現代語《げんだいご》の「食《た》べる」には、「生活《せいかつ》する」という意味《いみ》もありますしね。

ジョン
また、食《く》いものの話《はなし》かよ。

先生
『源氏物語《げんじものがたり》』の明石《あかし》の巻《まき》では「ここら悲《かな》しきさまざまの（ひどく悲《かな》しいあれこれの）」と、ていどの大《おお》きさをあらわしているんだよ。ちなみに、この「ここら」は平安時代以降《へいあんじだいいこう》に使《つか》われた言葉《ことば》なんだ。それ以前《いぜん》は、「ここだ」という言葉《ことば》が使《つか》われていたらしいよ。

ことわる

古語編《こごへん》(意味《いみ》が変《か》わった言葉《ことば》)

うおっ! メニューの写真《しゃしん》より豪華《ごうか》じゃん
スタミナラーメン
すげぇ、やったね!
うむ、これはことわるべきだな
えっ?
写真《しゃしん》よりひどいならいいけど、こんなに豪華《ごうか》なんだからことわることないじゃん
いえ、わたしもことわるのが正《ただ》しいと思《おも》う
これ、どうしてこのように品書《しなが》きの絵《え》よりりっぱなのか、ことわっていただけぬか?
こまちちゃん!
すみません、なんか見本《みほん》とちがうのが気《き》に入《い》らないみたいで…
はあ…
なんでへらされたのじゃーっ!!
ずるずる
どうしたいんだよ!

現代《げんだい》の意味《いみ》

いやだと言《い》う。相手《あいて》の要求《ようきゅう》をはねつけて受《う》けつけない。

用例《ようれい》

となりの子《こ》に「教科書《きょうかしょ》見《み》せて」と言《い》ったら、はっきり「ことわる！」と言《い》われた。ケチだなぁ。

古語《こご》での意味《いみ》

ものごとの道理《どうり》を判断《はんだん》する。すじ道《みち》をはっきりさせる。

引用《いんよう》

にぎはひ、豊《ゆた》かなれば、人《ひと》には頼《たの》まるるぞかしとことわられ侍《はべ》りしこそ…。

『徒然草《つれづれぐさ》』

訳《やく》

栄《さか》えてゆたかなので、人《ひと》にものをたのまれるのだと説明《せつめい》されたことこそ…。

カトリーヌ

やっとわかったわ。なごんくんとこまちちゃんは、「どうしてメニューよりもりっぱなラーメンが出《で》てきたのか、理由《りゆう》をはっきり説明《せつめい》してほしい」って言《い》ってたのね。

シューイン

店員《てんいん》さんが、ラーメンと五目《ごもく》ラーメンをまちがえてオーダーしたからって、わかりましたけどね。

ジョン

現代《げんだい》でも、「説明《せつめい》する」っていうのに近《ちか》い使《つか》い方《かた》がのこってるぞ。

カトリーヌ

どんな使《つか》い方《かた》？

先生

「他人《たにん》のものは、ちゃんとことわってから使《つか》えよ」なんて言《い》うときだろう？

ジョン

あっ、いまおれが言《い》おうとしたのに。先生《せんせい》、おれより先《さき》に言《い》っていいかどうか、ちゃんとことわってから発言《はつげん》してよ。

先生

ごめん、ごめん。この場合《ばあい》の「ことわる」は、「前《まえ》もって知《し》らせる」というのが正確《せいかく》な意味《いみ》だね。

さ《そ》うざ《ぞ》うし（そうぞうしい）

駅《えき》
きょうはカトリーヌがおらんのかさ《そ》うざ《ぞ》うしいことだなぁ
え〜っ、あいつがいるほうがそうぞうしいじゃん
ん？こまちちゃん、どうした？
わたしがいても、カトリーヌがいないとさ《そ》うざ《ぞ》うしいのですか？
いや、あの…
はーい、わたしがどうかした？
おくれちゃった〜っ
カトリーヌがうるさいってさ
カトリーヌがいないとさ《そ》うざ《ぞ》うしいと言《い》ったのじゃ！
そうぞうしいってなによ！
なごん、ひどい〜っ！
おうっ！こんな男《おとこ》別《わか》れちゃえ！
あ〜っホントにやかましい…
よよっ
だからあの…

現代《げんだい》の意味《いみ》

うるさい。さわがしい。やかましくて、おちつかない。

用例《ようれい》

まったくこのクラスは、先生《せんせい》がいなくなると、とたんにそうぞうしくなる。

古語《こご》での意味《いみ》

ものたりない。心《こころ》さびしい。あるはずのものがなくて、満足《まんぞく》できない。

引用《いんよう》

この酒《さけ》をひとりた《と》うべんが、さ《そ》うざ《ぞ》うしければ、申《もう》しつるなり。『徒然草《つれづれぐさ》』

訳《やく》

この酒《さけ》を一人《ひとり》で飲《の》むのがものたりないので、お呼《よ》びしたのです。

シューイン

現代語《げんだいご》と、こんなに大《おお》きくちがっている、むかしの言葉《ことば》もあるんですね。

ジョン

そうだよな。そうぞうしいが、まさか「寂《さび》しい」だなんて。

カトリーヌ

それにしてもこまちちゃん、なごんくんのことが、よほど好《す》きなのね。

ジョン

よくわかんないけど、いいなずけって、そういうもんなんだろ。

先生

もう一つの意味《いみ》の「ものたりない」も、結局《けっきょく》は「さびしい」ということにつながるからね。

カトリーヌ

そういえば、『枕草子《まくらのそうし》』にも出《で》てきたわ。「などか《こ》う音《おと》もせぬ。もの言《い》へ《え》。さ《そ》うざ《ぞ》うしきに」っていうの。

先生

それは「なぜこうもだまっているのです。なにかおっしゃい。さびしいから」という意味《いみ》なんだよ。

よく見《み》ると、カトリーヌはじつによきしなだのう
じ〜〜っ
ちょっと！わたしは品物《しなもの》じゃないわよ！
そうですよ、ちょっとこわいけど、れっきとした人間《にんげん》です
もちろんじゃだから「いいしなだ」と言《い》っておる
また…
じゃあ、オークションにでも出《だ》そうか
いひひっ
ジョンうるさい！
はっ
ごごごごっ…
わ〜っ！
これ、こまち！やきもちをやくでない！
キィー
平安時代《へいあんじだい》の人《ひと》って品物《しなもの》あつかいされるほうがいいのかしら？

現代《げんだい》の意味《いみ》

品物《しなもの》。なにかの目的《もくてき》に使《つか》う形《かたち》を持《も》ったもの。

用例《ようれい》

「ほう、この茶《ちゃ》わんは、なかなかいい品《しな》じゃないか」「お父《とう》さん、それ、フリーマーケットで百五十円《えん》で買《か》った茶《ちゃ》わんだよ」

古語《こご》での意味《いみ》

地位《ちい》。身分《みぶん》。家柄《いえがら》。品位《ひんい》。人柄《ひとがら》。種類《しゅるい》。

引用《いんよう》

人《ひと》の品高《しなたか》く生《う》まれぬれば、人《ひと》にもてかしづかれて…。

『源氏物語《げんじものがたり》』帚木《はきぎ》

訳《やく》

人《ひと》が高《たか》い身分《みぶん》に生《う》まれると、まわりの人々《ひとびと》にだいじにされて…。

カトリーヌ

やだ、わたし、「品物《しなもの》」って言《い》われたわけじゃないのね。

シューイン

そうですよ。「上品《じょうひん》でかわいい」って言《い》われたんです。

ジョン

それで、こまちがやきもちをやいたのか。それにしても美的《びてき》センスがないよなあ。

カトリーヌ

ちょっとそれ、どういう意味《いみ》よ。まあいいわ。それにしても、ずいぶんいろいろな意味《いみ》を持《も》った言葉《ことば》なのね。

先生

「しな」には、もっと意味《いみ》があるんだぞ。「階段《かいだん》」とか「事情《じじょう》」といった意味《いみ》も持《も》っているんだ。

シューイン

現代《げんだい》でも、人《ひと》のことを評価《ひょうか》することを「品定《しなさだ》めをする」なんていいますね。

先生

また「品形《しなかたち》」という言葉《ことば》もあったんだ。これは「人柄《ひとがら》と容姿《ようし》」「品位《ひんい》と顔《かお》かたち」の二つのことをいったんだね。

すごし（すごい）

古語編《こごへん》（意味《いみ》が変《か》わった言葉《ことば》）

現代《げんだい》の意味《いみ》

ていどがはなはだしい。なみはずれている。とびぬけている。

用例《ようれい》

あのレスラー、溝《みぞ》に落《お》ちた車《くるま》を持《も》ち上《あ》げて、もとにもどしたぞ。すごい力《ちから》だ。

古語《こご》での意味《いみ》

ぞっとするほどさびしい、美《うつく》しい、恐《おそ》ろしいなど。

引用《いんよう》

古畑《ふるはた》の そばのたつ木《き》に ゐ《い》る鳩《はと》の 友《とも》よぶ声《こえ》の すごき夕暮《ゆうぐれ》　『新古今和歌集《しんこきんわかしゅう》』

訳《やく》

古《ふる》く荒《あ》れ果《は》てた畑《はたけ》の、斜面《しゃめん》に立《た》つ木《き》に止《と》まっている鳩《はと》の、友《とも》を呼《よ》んで鳴《な》く声《こえ》が、ぞっとするほど寂《さび》しく聞《き》こえる夕暮《ゆうぐ》れであるよ。

カトリーヌ

こまちゃんが言《い》いたかったのは、「暗《くら》い道《みち》が、ぞっとするほどこわい」ってことだったのね。

ジョン

ようするに「すごくこわい」ってことだろ。

シューイン

それもふつうのていどじゃなくて、ぞ～っとするほどっていうことなんですね。現代《げんだい》っぽく言《い》うと、「超《ちょう》こわい」っていう感《かん》じでしょうか。

先生

そう。そのていどがものすごいということだよ。
それからこの言葉《ことば》は、「寂《さび》しい」とか「こわい」だけじゃなく、「すばらしい」とか「美《うつく》しい」という、いい意味《いみ》にも使《つか》われていたんだ。

カトリーヌ

わたしのことを「すごくかわいいね」なんて言《い》う場合《ばあい》と同《おな》じですね。

ジョン

だれも言《い》わないって。「ものすごくすぐれている」という意《い》味《み》では、おれのサッカーセンスなんかがあてはまるな。

古語《こご》編《へん》（意味《いみ》が変《か》わった言葉《ことば》）

すさまじ（すさまじい）

カァーーッ
カァーーッ
きれいな夕焼《ゆうや》けじゃ
京《きょう》の都《みやこ》の夕暮《ゆうぐ》れを思《おも》い出《だ》します
鈴木《すずき》太郎《たろう》！鈴木《すずき》太郎《たろう》に清《きよ》き一票《ぴょう》を！
!!
やれやれ、なんとすさまじき音《おと》だ
そう？ずいぶん遠《とお》くで聞《き》こえるわよ
そうですね、そんなにすさまじい音《おと》ではないですよ
こまちちゃん現代《げんだい》ではね、夕日《ゆうひ》を見《み》るときこう言《い》うんだよ
夕日《ゆうひ》のバカヤローーッ！
あんたがバカ！
ジョンこそすさまじきものじゃ

現代《げんだい》の意味《いみ》

ものすごい。はげしい。

用例《ようれい》

今度《こんど》の台風《たいふう》は、すさまじい風《かぜ》をともなっているらしいから、庭《にわ》のプランターを玄関《げんかん》にしまわなくちゃ。

古語《こご》での意味《いみ》

調和《ちょうわ》がとれておらず、おもしろみがない。興《きょう》ざめである。

引用《いんよう》

すさまじきもの。昼《ひる》ほゆる犬《いぬ》。春《はる》の網代《あじろ》。

「枕草子《まくらのそうし》」

訳《やく》

興《きょう》ざめなもの。それは昼間《ひるま》にほえる犬《いぬ》。春《はる》になってもそのままのこっている網代《あじろ》（川《かわ》に仕掛《しか》ける魚《さかな》とりの設備《せつび》。冬《ふゆ》の風物詩《ふうぶつし》だった）。

シューイン

ジョンは、なごんくんに「興《きょう》ざめなやつ」って言《い》われちゃいましたね。

ジョン

古代人《こだいじん》と現代《げんだい》っ子《こ》じゃ、ものの見方《みかた》や考《かんが》え方《かた》がちがうのさ。

カトリーヌ

あら、そうかしら。夕焼《ゆうや》けを見《み》て「バカヤロー」なんて、現代人《げんだいじん》でも言《い》わないわよ。ねえ、先生《せんせい》。

先生

そうかもしれないね。この言葉《ことば》には、「寒《さむ》い」「冷《つめ》たい」という意味《いみ》もあってね、『平家物語《へいけものがたり》』には「風《かぜ》すさまじかりける朝《あした》なれば（風《かぜ》が冷《つめ》たかった朝《あさ》なので）」という文章《ぶんしょう》があるんだよ。

シューイン

それに「殺風景《さっぷうけい》」という意味《いみ》もありますよね。あの二人《ふたり》に現代社会《げんだいしゃかい》は、殺風景《さっぷうけい》にうつっているんじゃないですかねえ。

先生

物《もの》はたくさんあっても、人《ひと》と人《ひと》とのつながりが…ね。また「あきれたこと」という意味《いみ》もあって、『東海道中膝栗毛《とうかいどうちゅうひざくりげ》』には、「あれがお屋敷《やしき》に奉公《ほうこう》してゐ《い》たもすさまじい」とあるよ。

京《きょう》の都《みやこ》が恋《こい》しいか
ううん、風《かぜ》が涼《すず》しくて気《き》持《も》ちいいから
せめて自分《じぶん》の心《こころ》をかくさずともよいぞ
イエーイ！
熱《あつ》いぜお二人《ふたり》さん！
ヒューーッ
ヒューーッ
帰《かえ》りまーす！
気《き》をつけて
せめてあさはかなやつよのう
ずるずる…

現代《げんだい》の意味《いみ》

十分《じゅうぶん》ではないが、これだけは実現《じつげん》させたいという願望《がんぼう》をあらわす。少《すく》なくとも。不満足《ふまんぞく》ながら。

用例《ようれい》

友《とも》だちのバースデーパーティーにちこくだ。せめてデザートだけでものこしておいてほしい。

古語《こご》での意味《いみ》

無理《むり》に。しいて。ひどく。

引用《いんよう》

せめて思《おも》ひしずめてのたまふ気色《けしき》、いとわりなし。

『源氏物語《げんじものがたり》』葵《あおい》

訳《やく》

無理《むり》に心《こころ》をおちつかせておっしゃる様子《ようす》は、とてもつらそうである。

カトリーヌ

このマンガで、なごんくん、「せめて」の意味《いみ》を二とおり使《つか》ったわね。

ジョン

えっ、そうか？　でもへんな使《つか》い方《かた》だったぞ。

シューイン

へんじゃありません。むかしの言葉《ことば》としては、あれでいいんです。

カトリーヌ

さいしょの「せめて」は「無理《むり》に（自分《じぶん》の心《こころ》をかくさなくてもいい）」っていう意味《いみ》よ。

シューイン

二度目《どめ》は「ひどく（考《かんが》えがあさいやつだ）」という意味《いみ》ですね。

先生

現代《げんだい》と同《おな》じ意味《いみ》では、『平家物語《へいけものがたり》』に「ただ理《ことわり》をまげて乗《の》せ給《たま》へ。せめては九国《きゅうこく》の地《ち》まで（ただそこはもう、無理《むり》を押《お》して船《ふね》に乗《の》せてください。都《みやこ》までが無理《むり》なら、せめて九州《きゅうしゅう》までで も）」とあるね。

ジョン

「せめて」は「攻《せ》めて」、つまり「攻撃《こうげき》して」という意味《いみ》ではないんだな。

そこら

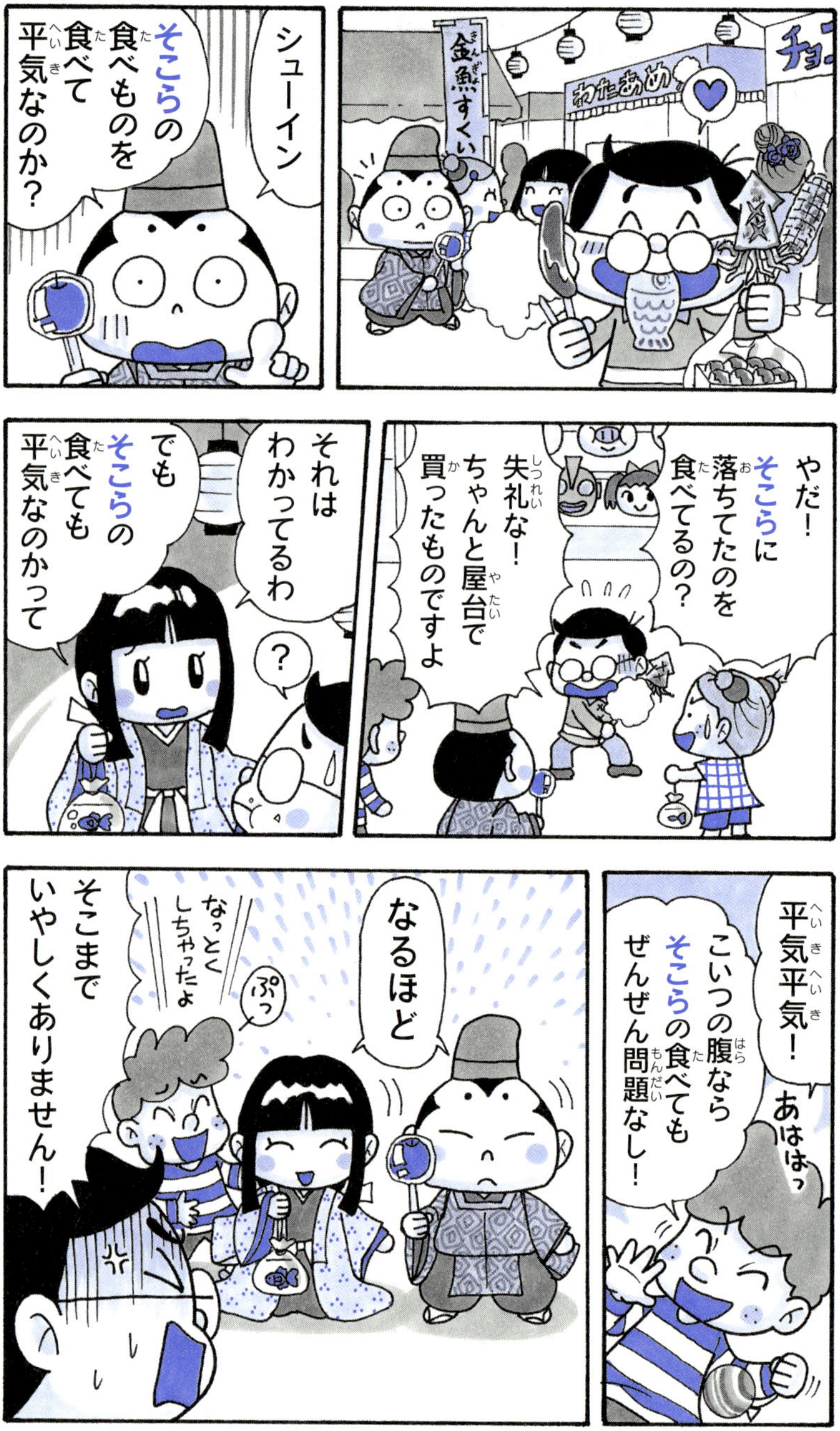
金《きん》魚《ぎょ》すくい
わたあめ
チョコ
シューイン
そこらの食《た》べものを食《た》べて平気《へいき》なのか？
やだ！そこらに落《お》ちてたのを食《た》べてるの？
失礼《しつれい》な！ちゃんと屋台《やたい》で買《か》ったものですよ
それはわかってるわ
？
でもそこらの食《た》べても平気《へいき》なのかって
平気《へいき》平気《へいき》！
こいつの腹《はら》ならそこらの食《た》べてもぜんぜん問題《もんだい》なし！
あはは
なるほど
ぷっ
なっとくしちゃったよ
そこまでいやしくありません！

現代《げんだい》の意味《いみ》
そのあたり。そのへん。ここら（ここいら）よりは多少遠《たしょうとお》く。

用例《ようれい》
姉《あね》に、「ぼくの筆箱知《ふでばこし》らない？」と聞《き》いたら、「そこらにあるでしょう」と、言《い》われた。

古語《こご》での意味《いみ》
そんなにたくさん。そんなにひどく。そんなにも〜。

引用《いんよう》
そこらの年《とし》ごろ、そこらの金《こがね》たまひて、身《み》をかへたるがごと成《な》りにけり。『竹取物語《たけとりものがたり》』

訳《やく》
とても長《なが》い年月《としつき》、あれほどまでにたくさんの黄金《こがね》をいただいて、別人《べつじん》のようになってしまっている。

カトリーヌ
ふだんのシューインを見《み》てるから、「そこらにあったものを食《た》べてる」のかと思《おも》っちゃった。

シューイン
失礼《しつれい》なことを言《い》わないでください。「そこら」っていうのは「そんなにたくさんの」という意味《いみ》だって、わかったでしょ？

ジョン
でも「たくさん」っていう量《りょう》の問題《もんだい》だけじゃなくて、時間《じかん》の長《なが》さについても使《つか》うんだな。

先生
「長《なが》いあいだ」という意味《いみ》でね。それに、「そこらはるかに」なら「ずっと遠《とお》くに」という意味《いみ》になるんだ。

シューイン
ようするに、時間《じかん》とか距離《きょり》の「ていどがはなはだしい」ということですね。

カトリーヌ
「ていどのはげしさ」はシューインの食欲《しょくよく》みたいね。

ジョン
「ここら」よりも、少《すこ》していどがはげしいんだよな。

なかなか

ジーンズなるものをはいてみたが…
なかなかよくないのう
やだ、なかなかって言《い》ったら、「似合《にあ》ってる」って言《い》わなくちゃ
もしかしてなかなかはけなかったんじゃないの？
はけたけど…
そうではないこんな服《ふく》がなかなかだということじゃ
三人《にん》とも！ジョンの試合《しあい》をみにきたんでしょ
彼《かれ》の番《ばん》ですよ
うつぞー！
ぶんっ
ストライク！アウトーッ！
あ～あ
う～ん、なかなかの振《ふ》りであったな
三振《さんしん》だよ！
バカにしてんのか！
コラじゃ！
スイカわりかよ！

現代《げんだい》の意味《いみ》

すぐには～ない。～するのに時《じ》間《かん》がかかる。思《おも》っていたより。

用例《ようれい》

映画《えいが》をみにいくのに、お母《かあ》さんったら、なかなかしたくができないんだから。

古語《こご》での意味《いみ》

不十分《ふじゅうぶん》。中途半端《ちゅうとはんぱ》。かえって。

引用《いんよう》

逢《あ》ふことの　絶《た》えてしなくは　なかなかに　人《ひと》をも身《み》をも　恨《うら》みざらまし

『拾遺和歌集《しゅういわかしゅう》』

訳《やく》

逢《あ》うことがまったくできないのであれば、かえって相手《あいて》の態度《たいど》が冷《つめ》たいことも、自分《じぶん》の身《み》のつらさも、なげくことなどないであろうに。

シューイン
なごんくん、「中途半端《ちゅうとはんぱ》なスイングだったね」ってジョンに言《い》いたかったんじゃないですか？

カトリーヌ
あーあ、それなのにジョンったら、おこっちゃって。なごんくん、思《おも》ったことを言《い》っただけよ。

ジョン
だって、バカにされたのかと思《おも》ったんだもん。

先生
これは基本的《きほんてき》に否定《ひてい》するときに使《つか》う言葉《ことば》で、「いっそ、しないほうがよかった」という意味《いみ》になるね。『拾遺和歌集《しゅういわかしゅう》』の歌《うた》も、「どうせ会《あ》えないのなら、いっそのことまったく会《あ》えないほうが、おたがいにあきらめがつく」という意味《いみ》さ。

カトリーヌ
あの二人《ふたり》も、なまじっか現代《げんだい》の服装《ふくそう》なんかしなくても、あの平安時代《へいあんじだい》の服装《ふくそう》がかっこいいのよね。

シューイン
『徒然草《つれづれぐさ》』に「心《こころ》づきなきことあらん折《おり》は、なかなかその由《よし》をも言《い》ひてむ《ん》」という文《ぶん》がありますよ。気《き》のすすまないときには、かえってそのわけを言《い》ってしまったほうがよい、ということです。

ながむ（ながめ・ながめる）

うおーっ
スカイツリーに
昇《のぼ》ったぞーっ！
キャーッ！
すごーい！
高《たか》ーい！
キャーッ！
ん？・
なごん
なにを
ながめているの？
そうじゃないでしょう
なにか考《かんが》えごとを
しているんですよ
だから
ながめて
いるのでしょ？
ながめてないって
なんか
元気《げんき》ないし
だから、
ながめてると
言《い》っておる！
ねえ、
なごんくん、
どうし…
ぐうぅ～っ
こまち～～っ
寝《ね》てたんかいっ！

現代《げんだい》の意味《いみ》 遠《とお》くを見《み》つめる。広《ひろ》い場所《ばしょ》をながめまわす。

用例《ようれい》 **やっと山頂《さんちょう》に着《つ》いた。ぼくはバンザイと両手《りょうて》を上《あ》げながら、あたりの景色《けしき》を心《こころ》ゆくまでながめた。**

古語《こご》での意味《いみ》 なにかを考《かんが》えながら、ぼんやりと遠《とお》くを見《み》つめる。

引用《いんよう》 **出《い》だし立《た》てさせ給《たま》ひて、やがてながめおはします。** 『源氏物語《げんじものがたり》』桐壺《きりつぼ》

訳《やく》 お送《おく》りなさって、そのままなにかをお考《かんが》えになりながら、ぼんやりと（月《つき》を）見《み》ていらっしゃいます。

カトリーヌ

なごんくんは、結局《けっきょく》、ながめてもいないし、見《み》つめてもいなかったじゃない。

シューイン

現代《げんだい》の意味《いみ》と似《に》てはいますが、むかしの言葉《ことば》の場合《ばあい》、微妙《びみょう》にちがうんですね。

ジョン

微妙《びみょう》じゃねえよ。むかしの言葉《ことば》では「物思《ものおも》いにふけりながら、ぼんやりと見《み》ること」だろう？ 現代《げんだい》じゃ、けっこう見《み》ようっていう気持《きも》ちでしっかり見《み》るぜ。

カトリーヌ

ジョンにしては、するどいことを言《い》うじゃない。

先生

ジョンの言《い》うとおり。むかしの言葉《ことば》では、じっくり見《み》るんじゃなくて、見《み》るとはなしに、ぼんやりと見《み》ていることなんだ。よく、月《つき》を「ながめ」ながら、恋《こい》する人《ひと》のことや、ふるさとのことを思《おも》う場面《ばめん》で出《で》てくる言葉《ことば》だね。ただ、この言葉《ことば》も、現代《げんだい》と同《おな》じ意味《いみ》で使《つか》う場合《ばあい》があるんだけどね。『徒然草《つれづれぐさ》』の「望月《もちづき》のくまなきを、千里《ちさと》の外《ほか》までながめたるよりも（満月《まんげつ》にくもりがないのを、遠《とお》い千里《せんり》のかなたまで見《み》やっているよりも）」が、ちゃんと見《み》るという感《かん》じかな。

なさけなし（なさけない）

おれ、きょう三百円《えん》しか持《も》ってないぜ
…
なんじゃ、そりゃ
まじでえ？
げら げら
なんと なさけない若者《わかもの》じゃ
はぁ〜〜〜っ
なさけないなんて言《い》うなよ おれなんか八十円《えん》だぜ
ぼくは百二十円《えん》
わたし二百十円《えん》！
お金《かね》のことではない
なごんは あの者《もの》たちに なさけがないと申《もう》しておる
どうしょ〜
ほれ、あのようにご老人《ろうじん》を立《た》たせて…
金《かね》、貸《か》さねぇからな〜っ
この時代《じだい》の若者《わかもの》のファッションはわからん…
え〜っ

現代《げんだい》の意味《いみ》

なげかわしい。みっともない。みじめ。あきれ果《は》てるほどひどいこと。

用例《ようれい》

プロのサッカー選手《せんしゅ》が、小学生《しょうがくせい》のチームと試合《しあい》をして負《ま》けたんだって。なさけないなあ。

古語《こご》での意味《いみ》

思《おも》いやりの心《こころ》がない。冷《つめ》たい。非情《ひじょう》である。

引用《いんよう》

二人《ふたり》の子《こ》はなさけなくいらへ《え》て止《や》みぬ。

『伊勢物語《いせものがたり》』

訳《やく》

（上《うえ》の）二人《ふたり》の子《こ》は、思《おも》いやりのない返事《へんじ》をして取《と》り合《あ》わなかった。

シューイン

なごんくんは、持《も》っているお金《かね》が少《すく》なかったから、「情《なさ》けない」って言《い》ったんじゃないんですね。

カトリーヌ

目《め》の前《まえ》のお年寄《としよ》りに席《せき》をゆずらなかったので、「心《こころ》が冷《つめ》たい」って言《い》ったのよ。

ジョン

でも結局《けっきょく》、心《こころ》の冷《つめ》たいやつって、情《なさ》けないやつだよな。

先生

そうだ。いいこと言《い》うなぁ、ジョンは。「情《なさ》け」っていうのは「思《おも》いやり、やさしさ、人情《にんじょう》」のことだから、それが「ない」という意味《いみ》なんだよ。

カトリーヌ

あっ、『源氏物語《げんじものがたり》』の中《なか》で、「などか、なさけなくは、もてなすなるらむ」っていう文章《ぶんしょう》を読《よ》んだのを思《おも》い出《だ》したわ。

先生

すごいね、カトリーヌ。それは「どうして冷《つめ》たい態度《たいど》をとるのだろうか」という意味《いみ》で、『源氏物語《げんじものがたり》』の紅葉賀《もみじのが》の巻《まき》に出《で》てくる文章《ぶんしょう》だね。同《おな》じ紅葉賀《もみじのが》に「ことさらに、なさけなくつれなきさまを見《み》せて（わざと思《おも》いやりがなく、冷《つめ》たい様子《ようす》を見《み》せて）」というのもあるよ。

古語編《こごへん》（意味《いみ》が変《か》わった言葉《ことば》）

なつかし（なつかしい）

現代《げんだい》の意味《いみ》

むかしのこと、以前《いぜん》のことを思《おも》い出《だ》して、心《こころ》が動《うご》くこと。

用例《ようれい》

ここって、ぼくが通《かよ》っていた幼稚園《ようちえん》だよ。ほら、あのすべり台《だい》。なつかしいなぁ。

古語《こご》での意味《いみ》

そばにいたい。いとしい。親《した》しみやすい。好《す》きである。離《はな》れたくない。心《こころ》がひかれる。

引用《いんよう》

なつかしうめでたき御《おん》さまに、世《よ》のもの思《おも》ひ忘《わす》れて…。

『源氏物語《げんじものがたり》』須磨《すま》

訳《やく》

親《した》しみ深《ぶか》くすばらしいご様子《ようす》に、世《よ》の中《なか》のつらいことも忘《わす》れて…。

カトリーヌ

本当《ほんとう》に仲《なか》がいいわねえ、あの二人《ふたり》。

ジョン

なんだ、「なつかし」は「なつかしい」じゃなくて、「大好《だいす》き」か。あほらし。

カトリーヌ

シューインは、こまちちゃんに「ぼくのこと、好《す》きでしょう」って言《い》っちゃったのよ。

シューイン

はずかしいです。

カトリーヌ

それにしても「なつかし」は、恋人《こいびと》どうしだけが使《つか》う言葉《ことば》なのかしら。

先生

いや、ちがうよ。「親《した》しみやすい人《ひと》」とか「美《うつく》しい景色《けしき》に心《こころ》がひかれる」という場合《ばあい》にも使《つか》われるんだ。『万葉集《まんようしゅう》』にも「秋去《あきさ》りて 山辺《やまべ》を行《ゆ》けば なつかしと われを思《おも》へか 天雲《あまくも》も 行《ゆ》きたなびく…（秋《あき》になって山辺《やまべ》を歩《ある》いていると、わたしのことを親《した》しく思《おも》うのか、空《そら》の雲《くも》も流《なが》れたなびくことよ…）」という歌《うた》があるんだ。

にほ《お》ふ《う》（におう）

こうして見《み》ると、こまちはまことににほ《お》ふ《う》ようじゃのう
えっ？
なごんくん！女《おんな》の子《こ》にそんなこと言《い》うなんて失礼《しつれい》よ！
こちらの世界《せかい》に来《き》てからお風呂《ふろ》に入《はい》っています
大丈夫《だいじょうぶ》よ！
ぜんぜんにおわないから気《き》にしちゃだめ！
カトリーヌもじつによくにほ《お》ふ《う》ぞ
ギャハハハッ
昼間《ひるま》、ギョーザ食《く》ったからだ！
だから、女《おんな》の子《こ》ににおうって言《い》うなーっ！
なんでおこるのじゃーっ！
？
プッ

現代《げんだい》の意味《いみ》

よい香《かお》りがする。いやなにおいがただよう。

用例《ようれい》 **玄関《げんかん》を開《あ》けたとたん、ぷーんとカレーのにおいがした。今夜《こんや》はカレーか。**

古語《こご》での意味《いみ》

美《うつく》しくかがやく。美《うつく》しい色《いろ》にそまる。かがやくほどに美《うつく》しい。

引用《いんよう》 **春《はる》の苑《その》 紅《くれない》にほふ《おう》 桃《もも》の花《はな》 下照《したで》る道《みち》に 出《い》で立《た》つを《お》とめ** 『万葉集《まんようしゅう》』

訳《やく》 春《はる》の庭園《ていえん》は、一面紅色《いちめんくれないいろ》に照《て》りかがやいている。その桃《もも》の花《はな》の下《した》の、美《うつく》しくかがやく道《みち》にあらわれ、たたずんでいる少女《しょうじょ》よ。

ああ、びっくりした。いきなり「におう」なんて言《い》われたんだもの。

むかしは、「目《め》で見《み》て美《うつく》しい」っていう意味《いみ》だったんだな。

現代《げんだい》じゃ、「鼻《はな》の感覚《かんかく》」のことですけどね。つまり、「視覚《しかく》に関係《かんけい》した言葉《ことば》」が、「嗅覚《きゅうかく》に関係《かんけい》した言葉《ことば》」になったってわけですね。

シューインは、なかなかむずかしい言《い》い方《かた》をするね。そのとおり。でもね、見《み》た目《め》の美《うつく》しさには変《か》わりがないけど、本来《ほんらい》は「赤《あか》く色《いろ》づく美《うつく》しさ」のことを意味《いみ》した言葉《ことば》だったそうだよ。

だからなごんくん、夕焼《ゆうや》けにそまったこまちちゃんを見《み》て、「かがやくばかりに美《うつく》しい」って言《い》ったのね。ロマンチックねえ。

カトリーヌだって、おこったときは顔《かお》がまっ赤《か》になるぜ。

ののしる

古語編《こごへん》（意味《いみ》が変《か》わった言葉《ことば》）

ギャハハハッ
となりのテントうるさいな～
11時《じ》だぞ～っ
かんぱーい!
ねむれな～い
こらーっ!
そなたたち
いつまで
ののしって
おるのじゃ!
ののしる?
おいおい、
だれも
あんたらの
悪口《わるくち》なんか
言《い》ってないぞ
ワンッ
ワンッ
ワンッ
まあ、犬《いぬ》まで
ののしるとは
困《こま》った
ものじゃ
えっ、
ほえてるだけ
だけど?
きっと、
平安時代《へいあんじだい》の人《ひと》は
犬《いぬ》の言葉《ことば》が
わかるんですよ!
え――っ!?
おたくたちも
うるさいけど?
ワンッ
ですね

現代《げんだい》の意味《いみ》

大声《おおごえ》で人《ひと》の悪口《わるくち》をまくしたてる。相手《あいて》が傷《きず》つくようなことを、大声《おおごえ》でどなりちらす。

用例《ようれい》

ちょっとぶつかったくらいで、そんなにののしることはないだろう。

古語《こご》での意味《いみ》

大《おお》きな音《おと》を出《だ》す。鳥《とり》や獣《けもの》などが大《おお》きな声《こえ》で鳴《な》く。大声《おおごえ》でさわぐ。

引用《いんよう》

里《さと》びたる声《こえ》したる犬《いぬ》どもの出《い》で来《き》てののしるも、いと恐《おそ》ろしく…。『源氏物語《げんじものがたり》』浮舟《うきふね》

訳《やく》

いなかびた声《こえ》で鳴《な》く犬《いぬ》たちがあらわれて大声《おおごえ》でほえたてるのも、たいへんに恐《おそ》ろしくて…。

ジョン

それにしてもマナー知《し》らずだよな、あのキャンパーたち。

カトリーヌ

だけど「ののしる」が「大《おお》さわぎする」っていうことだとは思《おも》わなかったわ。犬《いぬ》がほえても「ののしる」なのね。

シューイン

現代《げんだい》では、「ばーか、ばーか」とか言《い》うのが、ののしるですもんね。

先生

それは、幼稚園《ようちえん》レベルの、ののしり方《かた》だな。ほかには「評判《ひょうばん》になる」という意味《いみ》もあるんだ。『源氏物語《げんじものがたり》』の若紫《わかむらさき》の巻《まき》には「この世《よ》にののしり給《たま》ふ光源氏《ひかるげんじ》（世間《せけん》で評判《ひょうばん》になっていらっしゃる光源氏様《ひかるげんじさま》）」という表現《ひょうげん》もあるよ。

カトリーヌ

ジョンの場合《ばあい》でいうと、教室《きょうしつ》で先生《せんせい》がいないときに「ののしる」のはもうやめてね。

ジョン

シューインのいねむりは「ののしる」にならないのかなあ。先生《せんせい》が来《く》る前《まえ》、いつも大《おお》いびきで寝《ね》てて、めいわくしてるんだ。

はしたなし（はしたない）

うむ
わしも たまには この時代《じだい》の かっこうを してみようかの
めざせ、イケメン!
さわやかに
ジョン、そなたが かぶっている ものと 交換《こうかん》して くれぬか?
おっ、いいねー
どうじゃ?
う〜ん、ちょっと はしたないわ
え〜っ、どうして 野球帽《やきゅうぼう》を かぶったら はしたないの?
だって、ほかは いままでの服装《ふくそう》 なのだもの
やっぱり はしたないわ
おじょうさん、おれと 平安恋物語《へいあんこいものがたり》 しない?
けっこうです…
ジョンのほうが よっぽど はしたないわ
なんのこっちゃ

現代《げんだい》の意味《いみ》

つつしみがない。無作法《ぶさほう》でぶしつけである。みっともない。

用例《ようれい》

鼻《はな》をほじっていたら、お姉《ねえ》ちゃんに「はしたないからやめなさい」と言《い》われた。

古語《こご》での意味《いみ》

どっちつかずで中途半端《ちゅうとはんぱ》。不《ふ》つりあいなこと。きまりが悪《わる》い。

引用《いんよう》

思《おも》ほえず、ふる里《さと》にいとはしたなくてありければ、心地《ここち》まどひにけり。

『伊勢物語《いせものがたり》』

訳《やく》

（姉妹《しまい》は）思《おも》いがけず、古《ふる》い都《みやこ》に不《ふ》つりあいなほど優雅《ゆうが》に住《す》んでいて、（男《おとこ》は）心《こころ》が乱《みだ》れてしまった。

こまちちゃんは、なごんくんが平安時代《へいあんじだい》の服装《ふくそう》のままで、現代《げんだい》の野球帽《やきゅうぼう》をかぶっていたから、「中途半端《ちゅうとはんぱ》なかっこう」って言《い》ったのね。

この言葉《ことば》って、「はしたない」っていうことだろ？　だいたい、「はした」ってなんだ？

それは、「中途半端《ちゅうとはんぱ》」ということさ。

えっ、それじゃ、「はしたなし」と同《おな》じ意味《いみ》になりますよ。

「なし」というのは、「そのていどがひどい」ことをあらわす「接尾語《せつびご》」なんだ。

じゃあ、こまちちゃんは「すごく中途半端《ちゅうとはんぱ》」って言《い》いたかったのね。ゆかたを着《き》たジョンみたいなものね。

『枕草子《まくらのそうし》』の「はしたなきもの。異人《ことひと》を呼《よ》ぶに、我《われ》ぞとてさし出《い》でたる（きまりが悪《わる》いもの。別《べつ》の人《ひと》を呼《よ》んだのに、わたしだと出《で》しゃばったとき）」は、「きまりが悪《わる》い」の意味《いみ》ですね。

ねえ、なごん
わたしたちが住《す》んでいた都《みやこ》ははやくなくなってしまったのではないかしら
えっ、いっしゅんにしてなくなってしまったってことか？
まるで大規模《だいきぼ》な神《かみ》かくしですね
なにをわけのわからんことを言《い》っておる！
こまち、そんなことはない気《き》を強《つよ》く持《も》て！
なんだかよくわからないけど、
こまちちゃん、もといた時代《じだい》がなつかしくなったんじゃないかしら
そうかもね

現代《げんだい》の意味《いみ》
まだその時期《じき》ではないこと。ある動作《どうさ》をやり終《お》える時間《じかん》が短《みじか》いこと。

用例《ようれい》
四季《しき》の移《うつ》り変《か》わりが、はやく感《かん》じられる。

古語《こご》での意味《いみ》
現在《げんざい》より前《まえ》の時間《じかん》。むかし。以前《いぜん》。もはや。すでに。とっくに。

引用《いんよう》
花見《はなみ》にまかれりけるに、はやく散《ち》り過《す》ぎにければ…。『徒然草《つれづれぐさ》』

訳《やく》
花見《はなみ》に行《い》きましたところ、すでに散《ち》ってしまっていたので…。

カトリーヌ
こまちゃんたら、「わたしたちの住《す》んでいた都《みやこ》は、もうすでになくなってしまったのではないかしら」って、不安《ふあん》になったのね。

ジョン
ホームシックだな。

シューイン
現在《げんざい》にタイムワープしてから、もうけっこう長《なが》くなりますからねえ。

カトリーヌ
そういえば、なごんくんもこの前《まえ》、「はやく住《す》んでいたぼくらの屋敷《やしき》は、そのままかな」って心配《しんぱい》してたわ。

先生
それは「以前《いぜん》住《す》んでいた屋敷《やしき》は…」という意味《いみ》だね。
そういえば「はやく住《す》みけるところにて、ほととぎすの鳴《な》きけるを聞《き》きて詠《よ》める（以前《いぜん》住《す》んでいたところで、ほととぎすが鳴《な》いたのを聞《き》いて詠《よ》んだ）」という文章《ぶんしょう》が、『古今和歌集《こきんわかしゅう》』の中《なか》にあったなあ。

シューイン
さびしいけど、はやくもとの時代《じだい》に帰《かえ》してあげたいですね。

むつかし（むずかしい）

パパーー!!
ブロロロー
ありえねー
なのよー
いらっしゃいませ
いらっしゃいませ〜
とぼとぼ
はぁ〜〜っ
ん？
二人《ふたり》とも
どうしたの？
この現代《げんだい》という
世界《せかい》は
とても
むつかしいもの
わたしたちには
どうしても
なじめない
ピーポーピーポー
算数《さんすう》とか
算数《さんすう》とか
算数《さんすう》…
たしかに
いろいろ
むずかしい
よなー
ジョン、
だまって
ああ、
帰《かえ》れるものなら
もう一度《ど》、
あの心《こころ》のおちつく
時代《じだい》へ帰《かえ》りたい
ジョン！
シューイン！
うん！

現代《げんだい》の意味《いみ》

成《な》しとげることが困難《こんなん》なこと。かんたんにおこなえないこと。

用例《ようれい》

この問題《もんだい》はとても<u>むずかしい</u>ので、ぼくの手《て》に負《お》えそうもない。

古語《こご》での意味《いみ》

心《こころ》がすっきりしない。うっとうしい。気持《きも》ちが晴《は》れない。不快《ふかい》である。

引用《いんよう》

雨《あめ》の降《ふ》るときに、ただ<u>むつかしう</u>…。『枕草子《まくらのそうし》』

訳《やく》

雨《あめ》が降《ふ》るときには、ただもう心《こころ》がすっきりせず、不快《ふかい》になって…。

シューイン

この現代《げんだい》で生《い》きていくのは、やっぱり「むつかし」、つまり、気持《きも》ちがすっきりしない、ということなんですね。

ジョン

なんとなくわかるぜ、その気持《きも》ち。もし、おれが同《おな》じように、古代《こだい》にタイムスリップしちゃったら、やっぱり「むつかし」っていう気持《きも》ちになっちまうよ。

カトリーヌ

そうね。「むつかし」には、もっとたくさんの意味《いみ》があるの。「めんどう」「わずらわしい」、ううん、もっといやな気持《きも》ち、「恐《おそ》ろしい」「気味《きみ》が悪《わる》い」「きたない」なんていう意味《いみ》もあるのよ。

先生

やっぱり、だれでも住《す》みなれた時代《じだい》がいいんだよ。よしっ、みんなで力《ちから》を合《あ》わせて、なんとかあの二人《ふたり》をもとの時代《じだい》に帰《かえ》してあげよう！

ジョン

でも、どうやって？

先生

一つ、考《かんが》えがあるんだ。

やがて

古語編《こごへん》（意味《いみ》が変《か》わった言葉《ことば》）

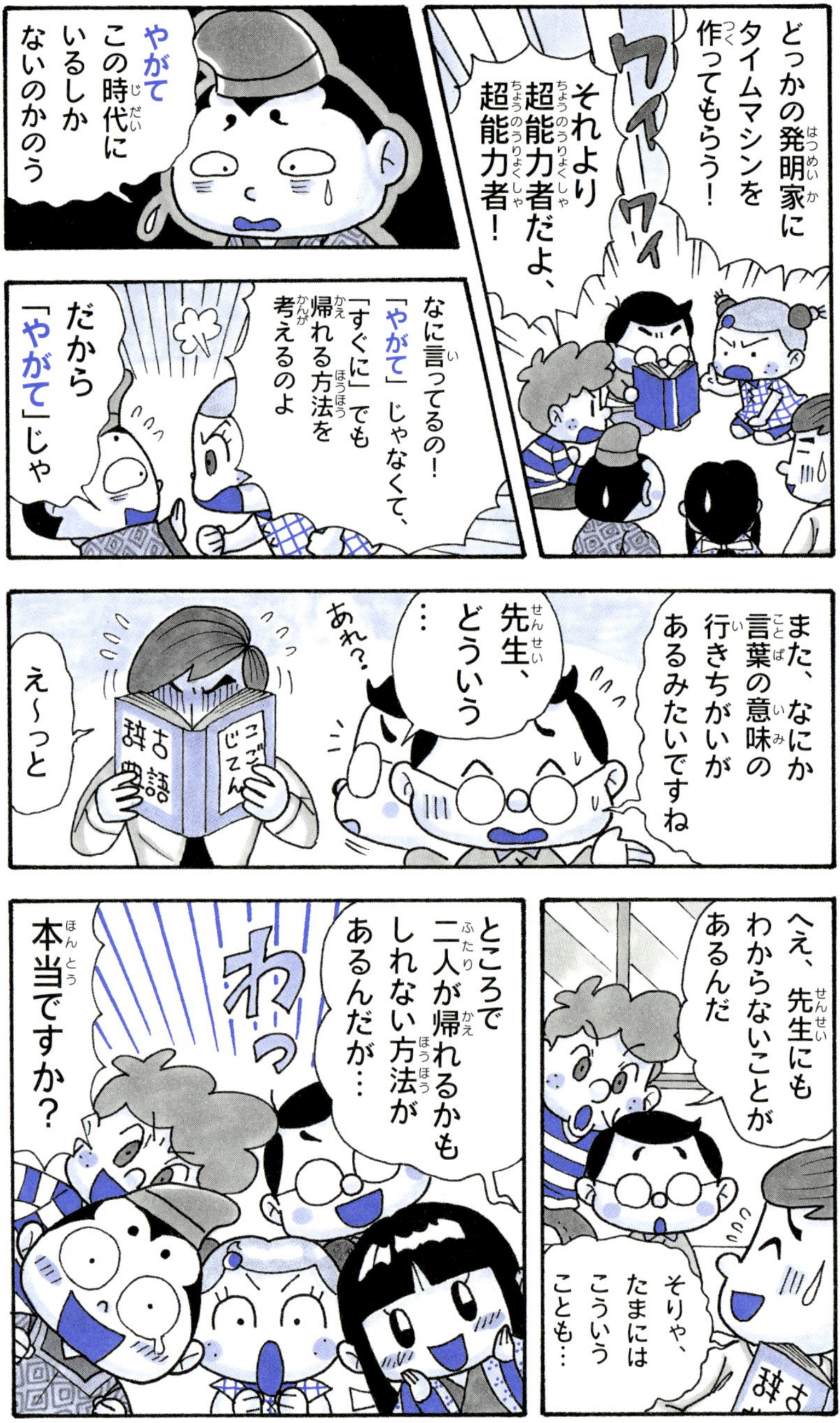
どっかの発明家《はつめいか》にタイムマシンを作《つく》ってもらう！
それより超能力者《ちょうのうりょくしゃ》だよ、超能力者《ちょうのうりょくしゃ》！
ワイワイ
やがてこの時代《じだい》にいるしかないのかのう
なに言《い》ってるの！「やがて」じゃなくて、「すぐに」でも帰《かえ》れる方法《ほうほう》を考《かんが》えるのよ
だから「やがて」じゃ
また、なにか言葉《ことば》の意味《いみ》の行《い》きちがいがあるみたいですね
先生《せんせい》、どういう…
あれ？
え～っと
古語辞典
こごじてん
へえ、先生《せんせい》にもわからないことがあるんだ
そりゃ、たまにはこういうことも…
ところで二人《ふたり》が帰《かえ》れるかもしれない方法《ほうほう》があるんだが…
わっ
本当《ほんとう》ですか？

現代《げんだい》の意味《いみ》

まもなく。そのうちに。

用例《ようれい》

空《そら》がだんだん暗《くら》くなってきた。やがて雨《あめ》が降《ふ》ってくるだろう。

古語《こご》での意味《いみ》

そのまま。引《ひ》きつづき。すぐに。ただちに。

引用《いんよう》

薬《くすり》もくはず、やがて起《お》きもあがらで病《や》みふせり。『竹取物語《たけとりものがたり》』

訳《やく》

薬《くすり》も飲《の》まず、そのまま起《お》き上《あ》がりもせずに、病気《びょうき》のまま横《よこ》になっている。

シューイン 
まさか、先生《せんせい》にわからないむかしの言葉《ことば》があったとは。

先生 
いや、この「やがて」は何種類《なんしゅるい》かの意味《いみ》があるので、ちょっと迷《まよ》ったんだ。

カトリーヌ 
シューイン、先生《せんせい》を困《こま》らせちゃだめよ。つまり、なごんくんは、「このまま引《ひ》きつづき、現代《げんだい》にいるしかないのか」って言《い》ったのよね。

ジョン 
二度目《どめ》の「やがて」は、「すぐに帰《かえ》りたい」って意味《いみ》だな。

先生 
ほかにも、「すなわち」「ほかでもなく」「まもなく」などといった意味《いみ》があるんだ。

シューイン 
ところで先生《せんせい》、帰《かえ》れるかもしれない方法《ほうほう》ってなんですか?

先生 
あっ、そうだ。みんな、「やがて」出《で》かける準備《じゅんび》をしてくれ。

カトリーヌ 
それは、「すぐに準備《じゅんび》をしろ」っていうことね。

とつぜんあらわれたってことは、その場所《ばしょ》にもどれば帰《かえ》れるヒントが見《み》つかるかもしれないと思《おも》ってね
なるほど だからもう一度《ど》この山《やま》に来《き》たんですね
あとは、二人《ふたり》がつつまれたっていう光《ひかり》のことも気《き》になるな
そういえばこまち、わたしがもらったあの曲玉《まがたま》はどうしたのだろう
あっ
曲玉《まがたま》？
ここに来《く》る前《まえ》、牛若丸《うしわかまる》がふしぎな緑色《みどりいろ》にかがやく曲玉《まがたま》をわしに渡《わた》したのじゃ
それを手《て》にしたとたん、意識《いしき》がなくなり
気《き》がついたらここに倒《たお》れておった

それだーっ!
えっ
牛若丸《うしわかまる》は超人的《ちょうじんてき》な強《つよ》さを持《も》っていた
その曲玉《まがたま》になにかすごいパワーがあったのかもしれない
きっと倒《たお》れたときに落《お》としたのであろう
さがせさがせ!
あっ!
あったーっ!
はっ!

さわってはいけない!
きゃっ
ばっ
これを持《も》っていると、カトリーヌがどこかの時代《じだい》に飛《と》ばされてしまう
どんな時代《じだい》より自分《じぶん》の生《い》きている時代《じだい》がいちばんいいものなのだ
これでわたしたちもきっともとの時代《じだい》にもどれる
みんなとの睦《むつ》びはとても楽《たの》しかったわ
元気《げんき》でね
カトリーヌも

そっ……
パァアアアッ
ありがとう
さようなら
フッ
消《き》えた…
あの二人《ふたり》、
もとの世界《せかい》で
幸《しあわ》せになって
くれますよね
うん！うん！
なあ、先生《せんせい》、
こまちが言《い》ってた
「睦《むつ》び」って
なんだ？
ああ
「親《した》しい交《まじ》わり」、
「友情《ゆうじょう》」ってことさ
ぐしっ

口語《こうご》と口語体《こうごたい》

先生

きょうは「口語《こうご》」と「口語体《こうごたい》」のちがいについて説明《せつめい》しよう。
まず「口語《こうご》」だ。この「口語《こうご》」には二種類《しゅるい》ある。現代《げんだい》の話《はな》し言葉《ことば》は「口語《こうご》」、現代《げんだい》の書《か》き言《こと》葉《ば》は「口語体《こうごたい》」というんだ。

カトリーヌ

へえ、そうなんだ…。でも、口語《こうご》で文章《ぶんしょう》を書《か》くっていうことは、自分《じぶん》がふだん話《はな》しているように書《か》くことですよね。

先生

それが大《おお》まちがい。たとえば、こんな口語体《こうごたい》の文章《ぶんしょう》があったとする。
「きのう、家族《かぞく》で回転寿司《かいてんずし》に行《い》った。ぼくが大《だい》好物《こうぶつ》のウニと中《ちゅう》トロばかりを食《た》べていたら、お母《かあ》さんがなにか言《い》いたそうだった」
話《はな》し言葉《ことば》でも、このとおりに言《い》うかな？

ジョン

ぜーんぜん。話《はな》すときだったら、「あのさ、きのう家族《かぞく》で回転寿司《かいてんずし》に行《い》ったんだよ。そいでおれ、大好物《だいこうぶつ》のウニと中《ちゅう》トロばっか食《く》ってたんだよな。そしたらさあ、うちのママ、なんか言《い》いたそうなんだよ」ってとこかな。

先生

ね、そうだろう？　話《はな》し言葉《ことば》だと、「あのさ」とか「なんだよ」みたいに、口調《くちょう》がなめらかになるような言葉《ことば》をプラスしてしゃべるよね。だけど、これをそのまま文章《ぶんしょう》にしたら、読《よ》みにくくてしかたない。だから、話《はな》し言葉《ことば》を文章《ぶんしょう》として読《よ》みやすくしたものが、口語体《こうごたい》だと考《かんが》えていいね。

シューイン

「口語《こうご》」と「口語体《こうごたい》」のちがいはわかりました。じゃあ、「文語《ぶんご》」はどうなんですか？

カトリーヌ

それについては、100ページでくわしく説明《せつめい》してもらいましょうよ。

むかしの言《こと》葉《ば》

●近《きん》代《だい》編《へん》

ばんごはんで

ねえねえ、このドラマおもしろいのよ
昭和《しょうわ》家族《かぞく》
明子《あきこ》、お勝手《かって》からまほうびんを持《も》ってきてちょうだい
えっ！まほうのビンってなに!?
ん？ラジオの音《おと》が悪《わる》いな
ガガガ…
ピー！！
つぎのニュース…
ばんっ
うわっ！らんぼうだなこわれちゃいます
よし！
東京《とうきょう》タワーができて今年《ことし》で三年《さんねん》
うそ！直《なお》った？
ヒロシ、柱時計《はしらどけい》のぜんまいを巻《ま》いておいてくれ
とどかないよ
踏《ふ》み台《だい》があるだろ
明子《あきこ》、日《ひ》めくりをめくってないわよ
9月《がつ》
25
お母《かあ》さんこそお勝手《かって》にまほうびんないけど？
なんだかよくわかんないけど
うん、うん。
そこがおもしろいのよ

カトリーヌ　丸《まる》テーブルには、脚《あし》が折《お》りたためるのもあるんですって。

ジョン　お父《とう》さんの座《すわ》る席《せき》って、きまっていたらしいな。

先生　座敷《ざしき》のいちばん奥《おく》がお父《とう》さん。台所《だいどころ》に近《ちか》いところがお母《かあ》さん。お母《かあ》さんのとなりはいちばん小《ちい》さい子《こ》…と、だいたいこんな感《かん》じで座《すわ》っていたんだ。

シューイン　食事《しょくじ》のときは「ひじをつくな」「のこしたらお百姓《ひゃくしょう》さんに申《もう》しわけない」「音《おと》を立《た》てるな」などと、お父《とう》さんはとても作《さ》法《ほう》にきびしかったらしいですよ。

ジョン　こういうのって、一家《いっか》だんらんっていうんだろ？　よく聞《き》く言葉《ことば》だけど、だんらんってなんだ？

先生　それは、集合《しゅうごう》して、車座《くるまざ》に座《すわ》ることだよ。いまは親《した》しい人《ひと》たちが集《あつ》まって楽《たの》しく過《す》ごすことをいう場合《ばあい》が多《おお》いね。

カトリーヌ　いかにも「昭和《しょうわ》の家庭《かてい》」っていう感《かん》じね。

言葉《ことば》の解説《かいせつ》

【まほうびん】
現代《げんだい》でいう「ポット」のこと。持《も》ち上《あ》げてかたむけ、お湯《ゆ》を出《だ》した。

【お勝手《かって》】
台所《だいどころ》。ダイニングキッチン。ここにある出入《でい》り口《ぐち》を「勝手口《かってぐち》」と言《い》った。

【柱時計《はしらどけい》】
柱《はしら》にかける時計《とけい》。左右《さゆう》にゆれる振《ふ》り子《こ》がチクタクと鳴《な》り、一時間《じかん》ごとに鐘《かね》がボーンボーン…と鳴《な》った。

【ぜんまい】
ねじを使《つか》って巻《ま》く動力《どうりょく》。

【踏《ふ》み台《だい》】
棚《たな》など、高《たか》い場所《ばしょ》のものを取《と》ったり置《お》いたりするときに使《つか》った台《だい》。

【日《ひ》めくり】
日《ひ》めくりカレンダーのこと。めくる係《かかり》のきまっていることが多《おお》かった。

あそびで①

よう、恵子《けいこ》
きょうも妹《いもうと》のお守《も》りか?
そうよ かっちゃんは、また広《ひろ》っぱへ行《い》くの?
ああ、三角《さんかく》ベースをやるんだ
じゃあな
あら、三角《さんかく》乗《の》りかい
本日開店 パチンコ
あーっ、ちんどん屋《や》だぁっ!
おっ、真之介《しんのすけ》!坊《ぼ》っちゃん刈《が》りのくせにべえごまかよ
うるせぇ!
かっちゃん、こっちこっち!
あっ、紙芝居屋《かみしばいや》のおっちゃんが来《き》た!
えっ
おれ、いちぬけた!
おれも!
三角《さんかく》ベースは〜
日光《にっこう》仮面《かめん》参上《さんじょう》!!
ワイ ワイ

ジョン　この時代《じだい》の男《おとこ》の子《こ》って、みんな坊主頭《ぼうずあたま》だな。

シューイン　これは「丸刈《まるが》り」っていうんです。一人《ひとり》、坊《ぼ》っちゃん刈《が》りの男《おとこ》の子《こ》がいましたね。

カトリーヌ　女《おんな》の子《こ》は、おかっぱね。三《み》つ編《あ》みにしてる子《こ》もいるわ。

ジョン　こんなに広《ひろ》い空《あ》き地《ち》があって、うらやましいな。

先生　ここは「広《ひろ》っぱ」とか「原《はら》っぱ」ってよばれていて、あちこちにこういうスペースがあったらしいよ。

シューイン　この時代《じだい》では、子《こ》どもは外《そと》であそぶのが当《あ》たりまえだったようですね。

カトリーヌ　女《おんな》の子《こ》も、ゴム段《だん》（ゴム跳《と》び）や、まりつき、石《いし》けりなどで、雨《あめ》でないかぎり、外《そと》であそぶことが多《おお》かったみたい。

言葉《ことば》の解説《かいせつ》

【三角《さんかく》ベース】
野球《やきゅう》あそびの一種《いっしゅ》。二塁《るい》ベースがなく、三角《さんかく》の形《かたち》になっている。このほうが場所《ばしょ》を広《ひろ》くとらず、また得点《とくてん》も入《はい》りやすくて、おもしろみがあった。

【ちんどん屋《や》】
宣伝《せんでん》のために奇抜《きばつ》なかっこうをして、曲《きょく》を演奏《えんそう》しながら街《まち》を練《ね》り歩《ある》く職業《しょくぎょう》。

【三角乗《さんかくの》り】
子《こ》どもが、おとな用《よう》の大《おお》きな自転車《じてんしゃ》を乗《の》りこなすテクニック。

【べえごま】
鉄製《てつせい》の小《ちい》さなコマを台《だい》の上《うえ》でまわし、相手《あいて》のコマをはじき出《だ》すあそび。

【紙芝居屋《かみしばいや》】
自転車《じてんしゃ》に紙芝居《かみしばい》のセットと、駄菓子《だがし》を入《い》れた箱《はこ》を積《つ》んで、街頭《がいとう》をまわった人《ひと》。お菓子《かし》を買《か》うと紙芝居《かみしばい》がみられた。

あそびで②

おじゃましまーす
あっ、おはじきやってる入《い》れて！
いいわよ
ぽんっ
ん？
なんだ、銀玉《ぎんだま》か
弟《おとうと》たちが西部劇《せいぶげき》ごっこをやってるのよ
バババ
ぼくは保安官《ほあんかん》だぞ！
逃《に》げろーっ
たかし！家《いえ》の中《なか》で百連発《ひゃくれんぱつ》なんかやらないで西部劇《せいぶげき》は禁止《きんし》！
じゃあポンポン船《せん》やろうぜ
おれ、めんこがいい
ぜったいめんこ！
ガヤ
ぐる
プロレスにしようぜ、プロレス！
わいわいっ
待《ま》て待《ま》てぇ
雨《あめ》の日《ひ》ってこれだからいやだわ〜
ぐる

ジョン
いったい、何人《なんにん》であそんでるんだい。

シューイン
むかしの子《こ》どもって、とにかくよくみんなであそんだんですね。家《いえ》の外《そと》でも中《なか》でも。

カトリーヌ
おしくらまんじゅう、花《はな》いちもんめ、とおりゃんせ、チャンバラごっこに、でんしゃごっこ。みんな、きょうだいや近所《きんじょ》のなかまたちといっしょにやったあそびばかりね。

ジョン
竹馬《たけうま》や木登《きのぼ》りなんかも楽《たの》しそうだけど、そういうのは、みんな「あぶないから」って、おとなが禁止《きんし》にしちゃうんだよな。

先生
とにかく当時《とうじ》の子《こ》どもたちは、どんな物《もの》でもあそび道具《どうぐ》にして、十分《じゅうぶん》楽《たの》しんでいたね。木《き》の枝《えだ》一本《ぽん》、石《いし》ころ一つでもたちまちあそび道具《どうぐ》に変《か》えてしまう、子《こ》どもたちはじつにあそびの天才《てんさい》だったな。

シューイン
…先生《せんせい》って本当《ほんとう》は、何歳《なんさい》なんですか？

言葉《ことば》の解説《かいせつ》

【銀玉《ぎんだま》（鉄砲《でっぽう》）】
せっこうや粘土《ねんど》をまるめて銀色《ぎんいろ》にぬったタマを、ばね仕掛《じか》けで発射《はっしゃ》する鉄砲《てっぽう》。

【西部劇《せいぶげき》】
アメリカ開拓時代《かいたくじだい》を舞台《ぶたい》にしたドラマ。

【保安官《ほあんかん》】
アメリカの西部劇《せいぶげき》に登場《とうじょう》する警察官《けいさつかん》のような存在《そんざい》。

【百連発《ひゃくれんぱつ》】
おもちゃの鉄砲《てっぽう》。バンバンと大《おお》きな音《おと》を出《だ》すだけで、タマは入《はい》っていない。

【ポンポン船《せん》】
ブリキでできたおもちゃの船《ふね》。

【めんこ】
めんこ（厚紙《あつがみ》でできた長方形《ちょうほうけい》や丸《まる》い形《かたち》のカード）を相手《あいて》のめんこにたたきつけて、引《ひ》っくり返《かえ》すあそび。人気力士《にんきりきし》やスターの図柄《ずがら》などが描《えが》かれていた。

学校《がっこう》で①

ジリリリリリ
おはよう ございます
きのうは旗日《はたび》でしたが、楽《たの》しく過《す》ごせましたか?
一時間目《じかんめ》は音楽《おんがく》です ハーモニカを出《だ》して
あっ、また筆箱《ふでばこ》が割《わ》れてらぁ
やっぱりセルロイドは弱《よわ》いなぁ
うわっ、えんぴつの芯《しん》が全部《ぜんぶ》折《お》れちゃってる だれか肥後守《ひごのかみ》貸《か》して!
ほいっ!
ん? まさえちゃん、どうしたの?
もじっ…
まさえ、まだハーモニカを買《か》ってもらってないんです
肝油《かんゆ》の代金《だいきん》もはらってないぞぉ
おまえ、そういうこと言《い》うなよ!
たろうくん…
おれの貸《か》してやる!
サッ
いらない…

カトリーヌ：やっぱりこの時代《じだい》は、木造校舎《もくぞうこうしゃ》だったのね。

シューイン：下駄《げた》で登校《とうこう》してくる子《こ》もいたんですね。

ジョン：だけどさ、えんぴつの芯《しん》が全部《ぜんぶ》折《お》れてるって、どういう使《つか》い方《かた》をしてるんだ?

先生：むかしのえんぴつの芯《しん》は、とてももろくて折《お》れやすかった。だから、よくブリキでできたキャップをしていたんだよ。

カトリーヌ：それにしても「まさえちゃん」、かわいそうね。おうちの経済状態《けいざいじょうたい》がよくないのかしら。

先生：昭和《しょうわ》三十年代《ねんだい》では、まだ貧《まず》しい家庭《かてい》が多《おお》く、学用品《がくようひん》を買《か》えなかったり、学校《がっこう》へしはらうお金《かね》を用意《ようい》できなかったりする家《いえ》がたくさんあったんだ。

シューイン：でもみんな素直《すなお》で、生《い》き生《い》きと暮《く》らしていたようですし、貧《まず》しくても元気《げんき》な時代《じだい》だったんですね。

言葉《ことば》の解説《かいせつ》

【始業《しぎょう》のベル】
むかしの学校《がっこう》ではチャイムではなく、「ジリリリ」というベルの音《おと》だった。

【旗日《はたび》】
国民《こくみん》の祝日《しゅくじつ》のこと。この日《ひ》は多《おお》くの家《いえ》で、軒先《のきさき》に日《ひ》の丸《まる》の旗《はた》をかかげた。

【セルロイド】
初期《しょき》の合成樹脂《ごうせいじゅし》。加工《かこう》しやすいことから、学用品《がくようひん》やおもちゃなど、いろいろな製品《せいひん》に使《つか》われた。

【肥後守《ひごのかみ》】
折《お》りたたみ式《しき》のナイフ。むかしはこれを使《つか》ってえんぴつを器用《きよう》にけずっていた。

【肝油《かんゆ》】
現代《げんだい》のグミのような形《かたち》と食感《しょっかん》をもった栄養補助食品《えいようほじょしょくひん》。当時《とうじ》の日本人《にほんじん》の栄養状態《えいようじょうたい》はまだまだ悪《わる》く、学校《がっこう》の給食《きゅうしょく》に出《で》ることが多《おお》かった。

学校《がっこう》で②給食《きゅうしょく》

ジョン

いまと比《くら》べると、ずいぶんおかずが少《すく》ないな。

カトリーヌ

日本《にほん》の国《くに》そのものが貧《まず》しかったのよ。

シューイン

この時代《じだい》に生《う》まれていたら、おなかがすいたでしょうね。

ジョン

「給食《きゅうしょく》」って、ずっと前《まえ》からあった言葉《ことば》らしいな。

カトリーヌ

だって「食事《しょくじ》を給《たま》う（食事《しょくじ》をおあたえになる）」ですものね。

先生

一八八九年《ねん》（明治《めいじ》二十二年《ねん》）に、山形県《やまがたけん》の大督寺《だいとくじ》というお寺《てら》の境内《けいだい》にあった「忠愛小学校《ちゅうあいしょうがっこう》」で、おにぎり、焼《や》き魚《ざかな》、漬《つ》けものといった食事《しょくじ》を、貧《まず》しい子《こ》どもたちにあたえたのが、日本《にほん》でさいしょの学校給食《がっこうきゅうしょく》だったといわれているんだ。

シューイン

いまの給食《きゅうしょく》って、むかしに比《くら》べると本当《ほんとう》に豪華《ごうか》なんですね。感謝《かんしゃ》して食《た》べなくちゃ。

ジョン

シューインはどんなメニューだって、のこさないもんね。

言葉《ことば》の解説《かいせつ》

【コッペパン】
当時《とうじ》のコッペパンは弾力《だんりょく》がなく、ポロポロとくずれやすかった。

【鯨《くじら》カツ】
一九五〇～七〇年代《ねんだい》には、よく鯨料理《くじらりょうり》が出《だ》された。「鯨《くじら》カツ」は「鯨肉《くじらにく》のカツ」で、子《こ》どもたちに人気《にんき》があった。

【脱脂粉乳《だっしふんにゅう》】
現在《げんざい》の牛乳《ぎゅうにゅう》にあたる飲《の》みものだが、味《あじ》が悪《わる》いので、のこす子《こ》どもが多《おお》かった。

【ブリキの食器《しょっき》】
金属製《きんぞくせい》なので熱《ねつ》が伝《つた》わりやすい。汁《しる》ものなどを入《い》れた場合《ばあい》、さわるととても熱《あつ》くなった。

【先割《さきわ》れスプーン】
先《せん》たんが三つに割《わ》れたスプーン。これ一つで、フォークや、はしの役割《やくわり》も果《は》たした。

病気《びょうき》になったとき

コンッ
コンッ
あら、かぜかしら
ちょっと体温計《たいおんけい》で熱《ねつ》をはかってみましょう
35 6 37 8 9
まあ、八度《ど》五分《ぶ》！
はい、これ巻《ま》いて
うぇぇっ
ネギくさい〜
あとは、氷《ひょう》のうと水枕《みずまくら》と吸《す》いのみに吸入器《きゅうにゅうき》…
正子《まさこ》、あんたも手伝《てつだ》って
お医者《いしゃ》さんに往診《おうしん》に来《き》ていただく？
そうね ひとっ走《ぱし》り行《い》ってきてくれる？
うん！
行《い》ってきまーす！
正子《まさこ》！氷《ひょう》のう、氷《ひょう》のう！

カトリーヌ　男《おとこ》の子《こ》が首《くび》に巻《ま》いたの、なにかしら。

先生　あれは長《なが》ネギを細長《ほそなが》く切《き》ったものだよ。のどの痛《いた》みによく効《き》くんだ。

カトリーヌ　そのころは、まだいい薬《くすり》がなかったのかしらね。

先生　そうだよ。いまみたいに、いい薬《くすり》が各家庭《かくかてい》にあったわけじゃないんだ。

シューイン　それにしても、あわて者《もの》のお母《かあ》さんとお姉《ねえ》さんですね。急《いそ》ぎなら、電話《でんわ》をしたほうがずっと早《はや》いと思《おも》うんですけど。

ジョン　電話《でんわ》もなかった時代《じだい》なんじゃねえのか？

先生　そう。まだ電話《でんわ》のある家《いえ》は少《すく》なかった。だから病人《びょうにん》が出《で》ると、本人《ほんにん》をおぶってかつぎこむか、往診《おうしん》といって、お医者《いしゃ》さんに家《いえ》まで来《き》てもらうしかなかったんだよ。

言葉《ことば》の解説《かいせつ》

【体温計《たいおんけい》】まだ「電子体温計《でんしたいおんけい》」はなく、水銀《すいぎん》を使《つか》った体温計《たいおんけい》だった。

【氷《ひょう》のう】中《なか》に水《みず》や氷《こおり》を入《い》れて、おでこなどを冷《ひ》やすのに使《つか》うゴム製《せい》の袋《ふくろ》。

【水枕《みずまくら》】ゴムでできており、中《なか》に水《みず》や氷《こおり》を入《い》れ、枕《まくら》にして頭《あたま》を冷《ひ》やした。

【吸《す》いのみ】病気《びょうき》のとき、寝《ね》たままで水《みず》や薬《くすり》を飲《の》むのに使《つか》う、きゅうすのような形《かたち》をした容器《ようき》。

【吸入器《きゅうにゅうき》】アルコールランプに火《ひ》をつけると、透《とう》明《めい》なガラスの筒《つつ》から薬《くすり》のまじった蒸気《じょうき》が出《で》てくる。口《くち》を大《おお》きく開《あ》けて、のどにその蒸気《じょうき》を当《あ》てた。

家庭生活《かていせいかつ》で①

ジョン　エアコンもない夏《なつ》なんて、考《かんが》えられないよ。

先生　この家《いえ》ではまだ、扇風機《せんぷうき》がないみたいだね。みんながうちわで涼《すず》んでる。

カトリーヌ　でも、風通《かぜとお》しはよさそうよ。あちこち開《あ》けっ放《ぱな》しだし。

シューイン　このころの日本《にほん》は本当《ほんとう》に安全《あんぜん》で、どこの家《いえ》でも夏《なつ》は開《あ》けっ放《ぱな》し。それでも泥棒《どろぼう》が入《はい》るなんて、めったになかったらしいです。

先生　みんなが貧《まず》しかったからね。助《たす》け合《あ》って生《い》きていた時代《じだい》だから。

ジョン　飛《と》んできた虫《むし》が電気《でんき》のかさにカンカン当《あ》たってたんだな。

先生　あちこち戸《と》が開《あ》いてるからね。カナブン、カブトムシ、ガ。朝《あさ》や昼間《ひるま》には、すずめなんかもよく飛《と》びこんできたっていうから。

言葉《ことば》の解説《かいせつ》

【行水《ぎょうずい》】洗濯《せんたく》に使《つか》うたらいに水《みず》を張《は》り、それをおふろ代《が》わりにして体《からだ》を洗《あら》った。

【縁台《えんだい》】木《き》や竹《たけ》でできた長《なが》いすの夕涼《ゆうすず》み台《だい》。

【ハエとり棒《ぼう》】ガラス製《せい》で、天井《てんじょう》のハエをとる専門《せんもん》の道具《どうぐ》。底《そこ》に水《みず》が張《は》ってある。

【ハエとり紙《がみ》】松《まつ》ヤニなどをぬったベタベタしたリボン。天井《てんじょう》からつるしておくと、空中《くうちゅう》を飛《と》ぶハエがくっついた。

【蚊帳《かや》】夏《なつ》に部屋《へや》の四隅《よすみ》からつるして用《もち》いるネット状《じょう》の囲《かこ》い。夜《よる》、これで蚊《か》を防《ふせ》ぐ。

【ポンプ式噴霧器《しきふんむき》】液体《えきたい》の殺虫剤《さっちゅうざい》を中《なか》に入《い》れた、くり返《かえ》し使《つか》えるスプレー式殺虫剤《しきさっちゅうざい》の元祖《がんそ》。

トーフィーッ
お豆腐屋《とうふや》さ～ん! きぬごし二丁《ちょう》 くださーい!
おや お使《つか》いかい?
うん、帰《かえ》ったら次《つぎ》は おしょうゆ 買《か》いにいくの
大《おお》いそがしだね 気《き》をつけるんだよ
チリリン
よう!
けんちゃん いつも配達《はいたつ》 ご苦労《くろう》さま
酒屋
あっ、みっちゃん たちもお使《つか》い?
うん、そこの 乾物屋《かんぶつや》さん
おいらは 流《なが》しの 鋳掛《いか》け屋《や》を さがしてる るんだ
はい、しょうゆ 量《はか》りで三合《ごう》
帰《かえ》りにあめでも しゃぶっていきな
わあっ、ありがと
じっ……
なんで しょうゆを 買《か》ってくるのよ!
なべを直《なお》して もらって こんかい!
カランッ

カトリーヌ　むかしの子《こ》って、よくお手伝《てつだ》いしたのねえ。

シューイン　それが当《あ》たりまえだったんじゃないですか？

先生　そうだね。便利《べんり》な電化製品《でんかせいひん》なんか、ほとんどない時代《じだい》だったし、親《おや》が忙《いそが》しいのを子《こ》どももわかっていたからね。

ジョン　新聞配達《しんぶんはいたつ》をしていた小学生《しょうがくせい》がいたなんて、びっくりだぜ。

先生　小学生《しょうがくせい》も家計《かけい》を助《たす》けていた時代《じだい》なんだよ。

カトリーヌ　それにしても、おとなたちがみんな親切《しんせつ》なのね。

シューイン　「向《む》こう三軒両《さんげんりょう》どなり」といって、ご近所《きんじょ》はみんな顔見知《かおみし》りどころか、仲《なか》よく助《たす》け合《あ》っていたみたいですよ。

ジョン　店《みせ》まで買《か》いに行《い》かなくても、日用品《にちようひん》を売《う》って歩《ある》く人《ひと》も多《おお》かったんだな。

言葉《ことば》の解説《かいせつ》

【豆腐屋《とうふや》のラッパ】
金属《きんぞく》の「しんちゅう」でできたラッパ。吹《ふ》くと「トーフー」と聞《き》こえた。

【量《はか》り売《う》り】
入《い》れものを持《も》っていき、必要《ひつよう》な量《りょう》だけ、はかって売《う》ってもらうこと。「量《はか》り」といった。

【乾物屋《かんぶつや》】
乾燥《かんそう》した食品《しょくひん》を売《う》っている店《みせ》。魚《さかな》の干《ひ》物《もの》、かんぴょうなどを売《う》っていた。

【鋳掛《いか》け屋《や》】
穴《あな》の開《あ》いた鍋《なべ》などを直《なお》して歩《ある》く修理屋《しゅうりや》さん。たいていのものは直《なお》して使《つか》うのが当《あ》たりまえだった。

【流《なが》し】
きまった場所《ばしょ》に店《みせ》を持《も》たず、自分《じぶん》の技《ぎ》術《じゅつ》を売《う》り歩《ある》くことや、その人《ひと》。歌《うた》や楽《がっ》器《き》などの「流《なが》し」も人気《にんき》があった。

町《まち》なかで

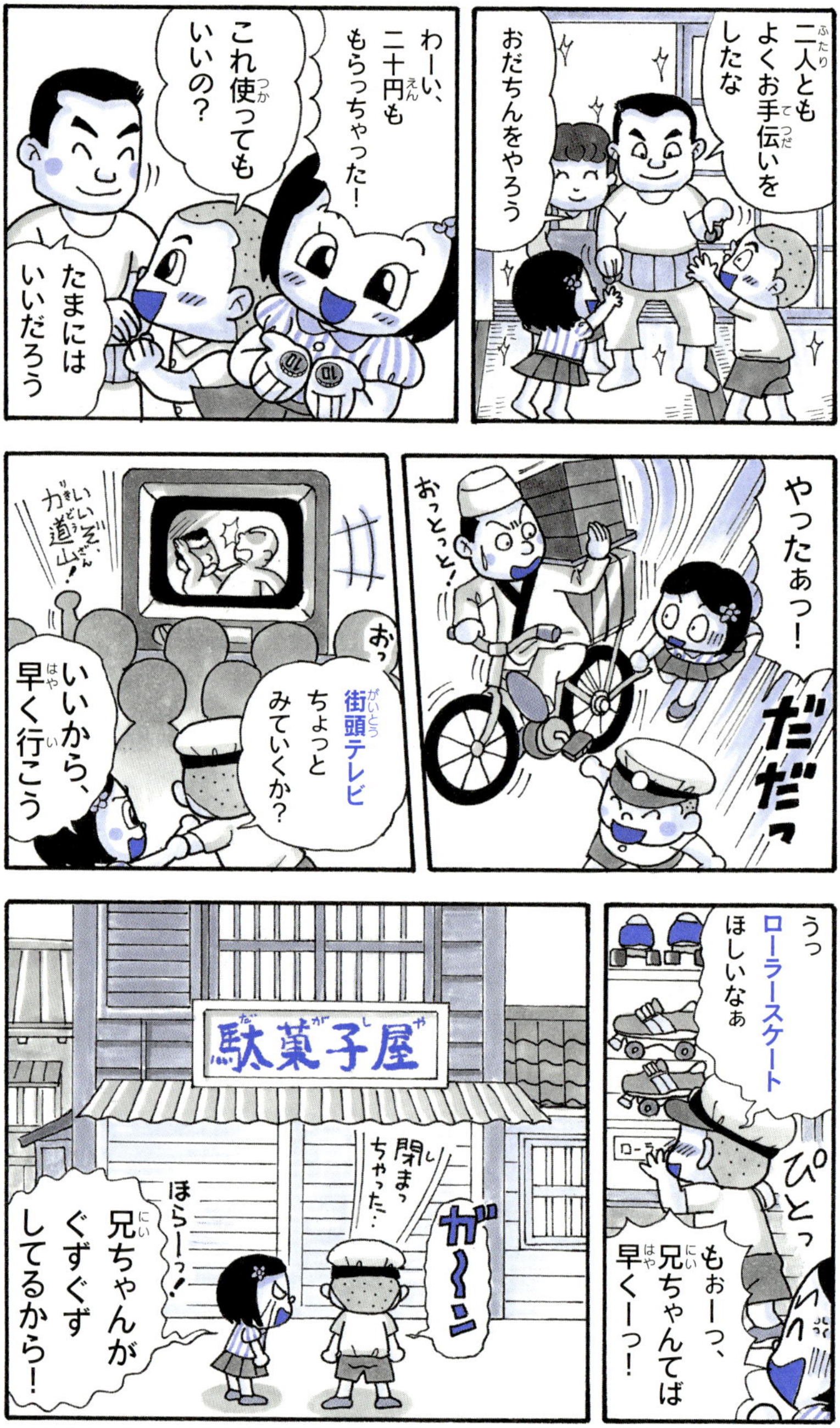
二人《ふたり》ともよくお手伝《てつだ》いをしたな
おだちんをやろう
わーい、二十円《えん》ももらっちゃった！
これ使《つか》ってもいいの？
たまにはいいだろう
やったぁっ！
おっとっと！
だだっ
いいぞ、力道山《りきどうざん》！
おっ
街頭《がいとう》テレビちょっとみていくか？
いいから、早《はや》く行《い》こう
うっ
ローラースケートほしいなぁ
ぴとっ
もぉーっ、兄《にい》ちゃんてば早《はや》くーっ！
駄菓子屋《だがしや》
ガ～ン
閉《し》まっちゃった…
ほらーっ！
兄《にい》ちゃんがぐずぐずしてるから！

ジョン

たった二十円《えん》もらって、なんでこんなに喜《よろこ》んでるんだ？

先生

当時《とうじ》は子《こ》どものおこづかいといえば、一日《にち》十円《えん》くらいが平《へい》均的《きんてき》な金額《きんがく》だったようだよ。

カトリーヌ

十円《えん》あれば、いろいろ買《か》えるお店《みせ》があったってことね。

シューイン

それが「駄菓子屋《だがしや》」なんですね。

先生

そうなんだ。子《こ》どもを相手《あいて》に商売《しょうばい》するお店《みせ》がたくさんあったんだよ。一つ一つの売《う》り上《あ》げは少《すく》なくても、なにしろ子《こ》どもの数《かず》が多《おお》かったからね。

ジョン

二人《ふたり》とも、「お手伝《てつだ》いをした」って言《い》ってるけど。

先生

そうだよ。ただもらうんじゃなく、家《いえ》の手伝《てつだ》いをして、そのおだちんとしてもらうことが多《おお》かったのさ。

カトリーヌ

おつかい、そうじ、なんでもお手伝《てつだ》いしたらしいわね。

言葉《ことば》の解説《かいせつ》

【ざるそばをかついだそば屋《や》】

自転車《じてんしゃ》に乗《の》り、ざるそばを肩《かた》にかついで出前《でまえ》をするそば屋《や》の姿《すがた》は、まるで神《かみ》わざのようだった。


【街頭《がいとう》テレビ】

駅前《えきまえ》の広場《ひろば》などに、多《おお》くの人《ひと》にみてもらうためのテレビがはじめて設置《せっち》された。放送《ほうそう》がはじまると、広場《ひろば》は人《ひと》で、ぎっしりと埋《う》めつくされた。


【ローラースケート】

金属《きんぞく》の車輪《しゃりん》が四つついている靴《くつ》で、床《ゆか》板《いた》や地面《じめん》の上《うえ》をすべるスポーツ。または、その靴《くつ》。


【駄菓子屋《だがしや》】

子《こ》どものおこづかいで買《か》える安《やす》い品物《しなもの》を、たくさん売《う》っている小《ちい》さな商店《しょうてん》。食《た》べものだけでなく、細《こま》かいおもちゃも売《う》られていた。

東海道本線《とうかいどうほんせん》に乗《の》って…
大阪《おおさか》ーっ！
人《ひと》がいっぱいだね
きょうは暑《あつ》くて扇風機《せんぷうき》もあまり役《やく》に立《た》たないわ
おれもランニングとステテコになろうかな
新聞紙《しんぶんし》を広《ひろ》げてる人《ひと》もいるわね
立《た》ちっぱなしじゃたいへんだからな
座《すわ》っててもシートがかたいから背中《せなか》が痛《いた》くなっちゃったわ
やっぱり赤切符《あかきっぷ》の旅《たび》はつかれるなあ
子《こ》どもたちもつかれて、静《しず》かになっちゃった
ちょうど駅《えき》に止《と》まったし少《すこ》し休《やす》むか
べんと、べーんと～
お母《かあ》さん、駅弁《えきべん》買《か》ってーー！
冷凍《れいとう》みかんもーー！
まだまだ元気《げんき》がありそうだな

郵便はがき

料金受取人払郵便

牛込支店承認

1303

差出有効期間
2014年2月28日
（期間後は切手をおはりください。）

162-8790

東京都新宿区市谷砂土原町 3-5

偕成社 愛読者係 行

本のご注文はこのはがきをご利用ください

◎ご注文の本はブックサービス株式会社（宅急便）により、1週間前後でお手元にお届けいたします。代金はお届けの際、下記金額をお支払いください。

◎お支払い金額

【お買い上げ金額 税込1000円以上】 定価合計 + 代引手数料 200 円　＊送料無料

【お買い上げ金額 税込1000円未満】 定価合計 + 送料 100 円 + 代引手数料 200 円

◎ブックサービス株式会社（本の注文状況に関するお問い合わせはこちらへ）

TEL：0120-29-9625（フリーダイヤル）9:00 ～ 18:00 ／ FAX：0120-29-9635

E-mail：info@bookservice.co.jp

◎本に関するお問い合わせ、郵便振替でのお支払いをご希望の方はこちらへ

偕成社

TEL：03-3260-3221 ／ FAX：03-3260-3222 ／ E-mail:sales@kaiseisha.co.jp

ご注文の書名	本体価格	冊数	

（フリガナ）
お名前

TEL　－　－

E-mail

（フリガナ）（〒　　　　　）
ご住所

★ご愛読ありがとうございます★

今後の出版の参考のため、皆さまのご意見・ご感想をおきかせ下さい。

ご住所	□□□-□□□□　都・道　府・県	TEL	
	フリガナ		
E-mail			
お名前	フリガナ	ご職業	
		1. 男　2. 女　（　　）才	
読者がお子さまの場合	お子さまのお名前　フリガナ	年　月　日生まれ　1. 男　2. 女　（　　）才	

刊案内など、小社からのお知らせをお送りしてもよろしいですか？　良い・不要

●この本の書名『　　』

●この本のことは、何でお知りになりましたか？

1. 書店　2. 広告　3. 書評・記事　4. 人の紹介　5. 図書室・図書館　6. カタログ　7. ウェブサイト

●ご感想・ご意見・ご希望など

記入の感想等は、匿名で書籍のＰＲ等に使用させていただくことがございます。
用許可をいただけない場合は、右の□内に✓をご記入下さい。　□許可しない

ご記入いただいた個人情報は、お問い合わせへのお返事、ご注文の商品発送、新刊、企画などのご案
送付以外の目的には使用いたしません。ご協力ありがとうございました。

シューイン

いまよりずっと時間《じかん》がかかったんでしょうね。

カトリーヌ

いまは新幹線《しんかんせん》なら、東京《とうきょう》から新大阪《しんおおさか》まで二時間半《じかんはん》くらいよ。

先生

当時《とうじ》、最《もっと》も速《はや》かった「特急《とっきゅう》つばめ」でも八時間《じかん》かかったそうだよ。四人《にん》の親子《おやこ》は十時間以上《じかんいじょう》かかったんじゃないかな。

ジョン

でもたくさん乗《の》れて、楽《たの》しいじゃん。

先生

それがシートはかたいし、とてもせまい。それにいまのようなエアコンもない。扇風機《せんぷうき》がまわっていても、夏《なつ》の旅《たび》はとてもとてもたいへんだったらしいよ。

シューイン

ぼくはまた、その当時《とうじ》、蒸気機関車《じょうききかんしゃ》が引《ひ》っぱっていたのかと思《おも》いましたよ。

先生

一九五六年《ねん》(昭和《しょうわ》三十一年《ねん》)に東海道本線《とうかいどうほんせん》が全線電化《ぜんせんでんか》になって、電気機関車《でんききかんしゃ》に変《か》わるまでは、C-62形《がた》の蒸気機関車《じょうききかんしゃ》が活躍《かつやく》していたんだよ。

言葉《ことば》の解説《かいせつ》

【ステテコ】
男性《だんせい》が夏《なつ》に使用《しよう》するズボン下《した》。ひざの下《した》までの長《なが》さで、涼《すず》しいようにダボダボしていた。

【新聞紙《しんぶんし》を広《ひろ》げる】
列車《れっしゃ》のシートに座《すわ》れなかった人《ひと》は、よく通路《つうろ》に新聞紙《しんぶんし》をしいて座《すわ》りこんだ。

【赤切符《あかきっぷ》】
料金《りょうきん》のいちばん安《やす》い「三等車《とうしゃ》」の切符《きっぷ》。

【駅弁《えきべん》】
いまのような豪華《ごうか》な駅弁《えきべん》ではなく、おかずの少《すく》ない幕《まく》の内風《うちふう》の弁当《べんとう》。駅弁売《えきべんう》りが弁当《べんとう》を箱《はこ》に入《い》れて首《くび》からつるし、駅《えき》のホームで「べんと、べーんとー」と声《こえ》を上《あ》げて売《う》った。

【冷凍《れいとう》みかん】
みかんを皮《かわ》のまま凍《こお》らせた食《た》べもの。赤《あか》いネットに入《い》れて売《う》っていた。

口語《こうご》と文語《ぶんご》

まずは、「書《か》き言葉《ことば》」＝「文語《ぶんご》」＝「口語体《こうごたい》」とおぼえておこう。つまり、口語体《こうごたい》と文語《ぶんご》は同《おな》じと思《おも》っていいんだ。ただ、気《き》をつけたいのは、現代《げんだい》の社会《しゃかい》で「文語《ぶんご》」というと、俳句《はいく》や短歌《たんか》の世界《せかい》のような「むかしの言葉《ことば》」として考《かんが》えることが多《おお》くなっているんだ。

たしかに俳句《はいく》や短歌《たんか》は、むかしの言葉《ことば》で書《か》かれているな。

たとえば「しもやけの 小《ちい》さき手《て》して みかんむく わが子《こ》しのばゆ 風《かぜ》の寒《さむ》きに」（『萩之家《はぎのや》歌集《かしゅう》』落合直文《おちあいなおぶみ》）という短歌《たんか》がある。これをむりやり口語《こうご》に直《なお》してみようか。

「しもやけができてる小《ちい》さい手《て》でね、みかんをむいてるの。わたしの子《こ》どもが思《おも》い出《だ》されるのよねえ。風《かぜ》が寒《さむ》いときなんかにはさあ」。なんかへん。

そうだろう。訳《やく》としてはちゃんとあってるんだけど、文章《ぶんしょう》としては味《あじ》がないよね。文語《ぶんご》は、口語《こうご》に比《くら》べて表現《ひょうげん》がとてもゆたかで、微妙《びみょう》な感情《かんじょう》の動《うご》きなんかも、きれいに伝《つた》えることができるといわれているんだ。

だから、文語《ぶんご》で書《か》かれた文章《ぶんしょう》をたくさん読《よ》むと、心《こころ》がゆたかになるんですね。ただ、現代《げんだい》では口語《こうご》の短歌《たんか》もつくられているみたいですね。

そうだよ。「そそり立《た》つ なめらかな木《き》の その下《した》で 泣《な》くなよな 傷《きず》ついたからって」（『チョコレート革命《かくめい》』俵万智《たわらまち》）なんて、口語《こうご》をうまく使《つか》っているよね。将来《しょうらい》、文語《ぶんご》と口語《こうご》、両方《りょうほう》の表現《ひょうげん》を味《あじ》わえるようになれるといいね。

のこしたい言《こと》葉《ば》

十六夜《いざよい》の月《つき》

今夜《こんや》は十六夜《いざよい》の月《つき》ね
いざよい?
うわっ、急《いそ》いで家《いえ》に帰《かえ》ってみなくちゃ
だーっ
天体望遠鏡《てんたいぼうえんきょう》でも用意《ようい》するつもりかしら?
行《い》ってみようか
あれぇ、おかしいな
シューイン、なにやってんの?
ピッ
ピッ
どこも相撲《すもう》なんかやってませんよ
あ〜、「いざよい」と「はっけよい」をまちがえてるんだ
BS《ビーエス》かな〜
とぉ〜っ
帰《かえ》ろっと

意味《いみ》

「十六夜《いざよい》」は陰暦《いんれき》の十六日《にち》、またはその夜《よる》のこと。つまりその「十六夜《いざよい》」に出《で》る月《つき》が「十六夜《いざよい》の月《つき》」。

使《つか》い方《かた》（引用《いんよう》）

もろともに　大内山《おおうちやま》は　出《い》で連《つ》れど
入《い》る方《かた》見《み》せぬ　十六夜《いざよい》の月《つき》

『源氏物語《げんじものがたり》』末摘花《すえつむはな》

訳《やく》

いっしょに、大内山《おおうちやま》（宮中《きゅうちゅう》）を出《で》たのに、あなたは行《ゆ》く先《さき》を見《み》せない十六夜《いざよい》の月《つき》のような方《かた》ですね。

陰暦《いんれき》とは

月《つき》の満《み》ち欠《か》けを基準《きじゅん》にして作《つく》った暦《こよみ》、太陰暦《たいいんれき》。これに対《たい》して、地球《ちきゅう》の公転《こうてん》を単位《たんい》にした暦《こよみ》を陽暦《ようれき》（太陽暦《たいようれき》）という。

カトリーヌ
わたしが言《い》ったのは、はっけよいじゃないのよ。いざよい、よ。おっちょこちょいね。

シューイン
えっ、あ、ああ…。い、いざよいとは、「ためらう」ということであります。

ジョン
なに、てれかくししてんだよ。知《し》ってるよ。「なかなか進《すす》まない」っていう意味《いみ》でもあるんだろ？

先生
ほう、よく知《し》ってたね、ジョン。そう、十六夜《いざよい》の月《つき》は満月《まんげつ》よりもおそく、ためらうようにして、そろそろとあらわれることから、そういう意味《いみ》もあるんだ。

カトリーヌ
「十六夜《いざよい》」の前《まえ》の日《ひ》が、有名《ゆうめい》な「十五夜《じゅうごや》」なのよ。

シューイン
ちなみに鎌倉時代《かまくらじだい》に書《か》かれた『十六夜日記《いざよいにっき》』という紀行文《きこうぶん》は、作者《さくしゃ》の阿仏尼《あぶつに》の京都《きょうと》から鎌倉《かまくら》への出発日《しゅっぱつび》が十月《がつ》十六日《にち》だったことから、この書名《しょめい》になったらしいです。

小春日和《こはるびより》

カトリーヌ、見《み》てみろよ こいつ、おばあちゃんか?
うと うと
まあ、こんな 小春日和《こはるびより》じゃ しかたないわね
ポカ ポカ
柿《かき》の実《み》が 熟《じゅく》したか
シューインの 家《いえ》って かんぺき 和風《わふう》だよな
ぱちっ
縁側《えんがわ》で ウトウト している シューイン ばあちゃんも、すっかり 和風《わふう》ね
くす くすっ
聞《き》こえましたよ ばあちゃんだなんて 失礼《しつれい》な!
あっ、起《お》きた!
ぼくは 男《おとこ》なんだから、それを言《い》うなら 「おじいちゃん」です!
えっ、そこ?
プンッ プンッ

意味《いみ》

秋《あき》の終《お》わりから冬《ふゆ》の初《はじ》めのころの、まるで春《はる》のようにポカポカと暖《あたた》かい天気《てんき》のいい日《ひ》のこと。

使《つか》い方《かた》（引用《いんよう》）

幸《さいわい》にその日《ひ》は十一時頃《じごろ》からからりと晴《は》れて、垣《かき》に雀《すずめ》の鳴《な》く小春日和《こはるびより》になった。

「門《もん》」夏目漱石《なつめそうせき》

晴《は》れをあらわす言葉《ことば》

秋日和《あきびより》＝秋《あき》らしく気持《きも》ちよく晴《は》れあがった天気《てんき》のこと。
五月晴《さつきば》れ＝五月《がつ》の晴天《せいてん》。
日本晴《にほんば》れ＝雲《くも》一つない絶好《ぜっこう》の天気《てんき》。
梅雨晴《つゆば》れ＝梅雨《つゆ》の期間中《きかんちゅう》の晴《は》れ間《ま》。
好天《こうてん》＝よい天気《てんき》。

カトリーヌ
わたし、小春日和《こはるびより》って春《はる》の晴《は》れた日《ひ》のことだと思《おも》っていたわ。

ジョン
おとなでもそう思《おも》っている人《ひと》が、けっこういるみたいだぜ。

先生
「小春《こはる》」は、春《はる》を思《おも》わせるような暖《あたた》かな時期《じき》のこと。「小春日《こはるび》」は、そんな日和《ひより》になった、その日《ひ》のことをさしているんだ。

シューイン
この「小春日和《こはるびより》」は冬《ふゆ》の季語《きご》ですが、夏《なつ》の季語《きご》はどういうのがあるんでしょうか。

先生
たとえば、「風薫《かぜかお》る」という言葉《ことば》があるね。青葉《あおば》の中《なか》を風《かぜ》がさわやかに吹《ふ》きぬけてくることだ。「薫風《くんぷう》」ともいうね。

ジョン
じゃあシューインは、その夏《なつ》の季節《きせつ》にも縁側《えんがわ》でウトウトするのかな。

五月雨《さみだれ》

まったく よく降《ふ》るなぁ
ザー!!
五月雨《さみだれ》だから しかたありませんね
わたしは このシトシトと降《ふ》る 五月雨《さみだれ》って好《す》きよ
しんみりしてて なんかムードが あるのよね
あら、雨《あめ》が やんだわ
ザー!!
でもまだ ザーザー 音《おと》が してますよ
ザー!!
ああ、それ うちのトイレ
故障《こしょう》してて、ときどき水《みず》が 流《なが》れっぱなしに なるんだ
ザー!!
ザー!!
ムード、ぶちこわし!

意味《いみ》

五月《がつ》に降《ふ》る長雨《ながあめ》。ただしこの五月《がつ》は陰暦《いんれき》で、現在《げんざい》の太陽暦《たいようれき》では、六月《がつ》から七月《がつ》にかけて降《ふ》る雨《あめ》のこと。

使《つか》い方《かた》（引用《いんよう》）

五月雨《さみだれ》を あつめて早《はや》し 最上川《もがみがわ》

『おくのほそ道《みち》』松尾芭蕉《まつおばしょう》

訳《やく》

長《なが》い五月雨《さみだれ》の期間中《きかんちゅう》、いくつもの支流《しりゅう》に降《ふ》りそそいだ流《なが》れを一つに集《あつ》めた豊富《ほうふ》な水量《すいりょう》の最上川《もがみがわ》が、すさまじい勢《いきお》いで流《なが》れ下《くだ》っている。

類語《るいご》

梅雨《つゆ》＝五月雨《さみだれ》に同《おな》じ。
春雨《はるさめ》＝春《はる》に音《おと》もなく降《ふ》る細《こま》かい雨《あめ》。
麦雨《ばくう》＝麦《むぎ》の熟《じゅく》す六月《がつ》〜七月《がつ》に降《ふ》る雨《あめ》。

シューイン
もともと、梅雨《つゆ》のことなんですね。

先生
そう。陰暦《いんれき》の五月《がつ》に降《ふ》る長雨《ながあめ》のことなんだよ。

ジョン
サッカーの試合《しあい》で、コーチが「五月雨式《さみだれしき》に攻撃《こうげき》をしかけろ」ってさけんでたことがあったけど、なんのことだかわかんなかったぜ。

先生
ヒントを出《だ》そう。五月雨《さみだれ》は、降《ふ》ったりやんだりする雨《あめ》だ。

カトリーヌ
わかった。一気《いっき》に攻撃《こうげき》をしかけたり、ときどきボールをパスして変化《へんか》をつけろっていうことじゃない？

先生
正解《せいかい》。よく「五月雨攻撃《さみだれこうげき》」なんていう言《い》い方《かた》もするんだよ。

シューイン
カトリーヌのおしゃべりは、「五月雨口撃《さみだれこうげき》」ですね。

ポツ
ポツ
わっ 雨《あめ》だ！
かさ、かさ！
カラッ
あれ？ やんだ
せっかく出《だ》したのに
ごそごそ
ポツ
ポツ
げっ
あっ、また…
これって時雨《しぐれ》じゃない？
もう、おれはぬれたままで行《い》くぞ
ポツ
ポツ
ぱっ
わたしはさしたままで行《い》くわ
カラッ
ささっ
ぱっ
えへっ
マメねえ、シューインは
これでも少《すこ》しはダイエットになるかなあと
ムリ、ムリ！

意味《いみ》

秋《あき》の終《お》わりから冬《ふゆ》の初《はじ》めにかけて、降《ふ》ったりやんだりする小雨《こさめ》。

使《つか》い方《かた》（引用《いんよう》）

在明《ありあけ》となれば度々《たびたび》しぐれかな　『炭俵《すみだわら》』森川許六《もりかわきょりく》

訳《やく》

（陰暦《いんれき》の）十月《がつ》ともなれば、月《つき》はまだ空《そら》にあって、すでに底冷《そこび》えの季節《きせつ》となる。そして夜明《よあ》け方《がた》に時雨《しぐれ》が通《とお》りすぎるのである。

類語《るいご》

にわか雨《あめ》＝急《きゅう》に降《ふ》りだして、まもなくやんでしまう雨《あめ》。

通《とお》り雨《あめ》＝ひとしきり降《ふ》って、すぐに晴《は》れる雨《あめ》。

先生

この言葉《ことば》は、くもりがちの空《そら》にも使《つか》われるんだよ。

ジョン

日本海側《にほんかいがわ》の気候《きこう》と太平洋側《たいへいようがわ》の気候《きこう》の、境《さかい》になる地方《ちほう》に多《おお》いって聞《き》いたことがあるぞ。

シューイン

たとえば京都盆地《きょうとぼんち》、岐阜県《ぎふけん》、長野県《ながのけん》、福島県《ふくしまけん》などに多《おお》く、風《かぜ》とともにやってくるんだそうです。

カトリーヌ

時雨《しぐれ》が降《ふ》る天気《てんき》を「時雨《しぐ》れる」っていうわよね。

シューイン

そういえば、夏《なつ》に「蝉時雨《せみしぐれ》」っていう言葉《ことば》を聞《き》いたことがあります。

先生

虫《むし》などがしきりに鳴《な》くときや、人《ひと》が涙《なみだ》ぐんだりするときのたとえにも、この「時雨《しぐれ》」が使《つか》われるんだ。

カトリーヌ

たしかにセミの大合唱《だいがっしょう》は、雨《あめ》の音《おと》みたいだもんね。

ジョン

カトリーヌが泣《な》いたら、どしゃ降《ぶ》りだ。

涙雨《なみだあめ》

おっ? カトリーヌ、どうしたんだ 元気《げんき》ねえじゃんか
しょぼんっ
ポッ
ポッ
ん? 雨《あめ》かな?
これって涙雨《なみだあめ》だわ わたしの気持《きも》ちを わかってくれるのね
わっ
あれっ、カトリーヌ どうしたんですか?
涙雨《なみだあめ》だとよ
悲《かな》しいことがあったんですね
ぼくたちに打《う》ちあけてください きっと心《こころ》が晴《は》れますよ
それがね… さっき本屋《ほんや》さんに行《い》ったら…
楽《たの》しみにしてた「少女《しょうじょ》マガジン」が売《う》り切《き》れてたのーっ!
わーっ
帰《かえ》ろ、帰《かえ》ろ

意味《いみ》

ほんの少《すこ》しだけ降《ふ》る雨《あめ》。悲《かな》しい気《き》持《も》ちのときに降《ふ》る雨《あめ》。

使《つか》い方《かた》

おじいちゃんのお葬式《そうしき》の日《ひ》は、ぼくにとっては涙雨《なみだあめ》の一日《にち》となった。

類語《るいご》

小雨《こさめ》＝少《すこ》し降《ふ》る雨《あめ》。

微雨《びう》＝小雨《こさめ》よりも降《ふ》りの弱《よわ》い雨《あめ》。

細雨《さいう》＝細《こま》かい雨《あめ》。

霧雨《きりさめ》＝霧《きり》のように細《こま》かい雨《あめ》。

ぬか雨《あめ》＝目《め》に見《み》えないほどの、ごく細《こま》かい雨《あめ》。こぬか雨《あめ》とも。

ジョン

「涙雨《なみだあめ》」って、その人《ひと》の気《き》持《も》ちをあらわす言葉《ことば》でもあったのか。

シューイン

そうです。悲《かな》しくてやりきれないときに降《ふ》る雨《あめ》を、そうよぶんです。

ジョン

しかし、マンガの本《ほん》が売《う》り切《き》れたくらいで使《つか》う言葉《ことば》じゃないだろう。

カトリーヌ

うふふ、失礼《しつれい》しました。でも「涙雨《なみだあめ》」って、単《たん》なる「少《すこ》しの雨《あめ》」っていう意味《いみ》でもあるのよ。

シューイン

それにしても、「少《すこ》しだけ降《ふ》る雨《あめ》」には、いろいろな呼《よ》び方《かた》があるんですね。

先生

それだけ日本人《にほんじん》が、ゆたかな感性《かんせい》を持《も》っているということだね。ほかにも「煙雨《えんう》」（煙《けむ》るように降《ふ》る雨《あめ》）なんて呼《よ》び方《かた》もあるんだよ。

花《はな》いかだ

花見客《はなみきゃく》が
いっぱいだなあ
ガヤガヤ
きそば
すごい盛《も》り上《あ》がりですね
見《み》て見《み》て！
花《はな》いかだよ
きれいね〜
どれどれ？
どんっ
わっ
ボチャンッ
あ〜っ、
ぼくのイカが！
ジョン〜
おっ！
川《かわ》にうかんだ
花《はな》びらに
イカが落《お》ちて
これが
ホントの
花《はな》・イ・カ・だ！
なんちゃって
あはは〜っ
おもしろく
ないです！

意味《いみ》

川《かわ》のふちに立《た》つ桜《さくら》の木《き》から、花《はな》びらが舞《ま》い落《お》ち、それがかたまってまるで、いかだを組《く》んでいるように、ゆっくりと川面《かわも》を流《なが》れていく様子《ようす》をいう。

使《つか》い方《かた》

川面《かわも》に花《はな》いかだの流《なが》れるこのごろ、いかがお過《す》ごしですか？

（四月《がつ》のあいさつ）

類語《るいご》

花吹雪《はなふぶき》＝桜《さくら》の花《はな》びらが、まるで吹雪《ふぶき》のように舞《ま》いちる様子《ようす》。

花嵐《はなあらし》＝桜《さくら》が満開《まんかい》のころに吹《ふ》く強《つよ》い風《かぜ》で、花《はな》びらが散《ち》る様子《ようす》。

カトリーヌ
ジョンのおやじギャグは、受《う》けなかったわね。

ジョン
それにしても、散《ち》った花《はな》びらをいかだに見立《みた》てるなんて、日本人《にほんじん》のセンスって、すごいよなあ。

カトリーヌ
またすぐにごまかすんだから。まあいいわ。それより、「花《はな》いかだ」っていう着物《きもの》の文様《もんよう》（模様《もよう》）があるの、知《し》ってる？

先生
先生《せんせい》は知《し》ってるよ。いかだに、たくさんの桜《さくら》や折《お》り枝《えだ》をあしらった文様《もんよう》だろう？

シューイン
江戸時代《えどじだい》の落語《らくご》に「花筏《はないかだ》」という演目《えんもく》がありますね。病気《びょうき》になった大関力士《おおぜきりきし》「花筏《はないかだ》」のかわりに、顔《かお》かたちがそっくりのちょうちん屋《や》が相撲《すもう》をとる話《はなし》です。

先生
昭和《しょうわ》四十一年《ねん》に、この噺《はなし》から名《な》をとって、「花筏《はないかだ》」というしこ名《な》にしたお相撲《すもう》さんがいたんだよね。

花冷《はなび》え

ハクションッ
う〜〜っ
おいおい、大丈夫《だいじょうぶ》か？
ばかね〜
こんな花冷《はなび》えのするときに半袖《はんそで》なんか着《き》てくるからよ
もう春《はる》になったから、半袖《はんそで》で大丈夫《だいじょうぶ》だと思《おも》ったんです
春《はる》はまだ気候《きこう》が安定《あんてい》しないんだぜ
寒《さむ》い日《ひ》だってあるんだよ
もう、こんなに桜《さくら》も咲《さ》いているのに…
ハッ
ファ…
あ〜あ、ハナまで出《で》ちゃって完全《かんぜん》にかぜひいたな
うつすなよ〜っ
これじゃ「花冷《はなび》え」じゃなくて「鼻冷《はなび》え」ね
ずっ…

意味《いみ》

桜《さくら》の咲《さ》くころは陽気《ようき》が安定《あんてい》せず、一時的《いちじてき》に冷《ひ》えこむことがある。そんな日《ひ》のことをさす。

使《つか》い方《かた》（引用《いんよう》）

花冷《はなび》えや 老《お》いても着《き》たき 紺絣《こんがすり》

『枯野《かれの》の沖《おき》』能村登四郎《のむらとしろう》

訳《やく》

桜《さくら》の咲《さ》く季節《きせつ》は寒《さむ》いけれど、花《はな》の美《うつく》しさに後押《あとお》しされて、この老《お》いた身《み》でも、つい紺《こん》がすりのような薄着《うすぎ》をして出歩《である》きたくなるものだ。

寒《さむ》さをあらわす言葉《ことば》

底冷《そこび》え＝体《からだ》の芯《しん》まで冷《ひ》えること。
冴《さ》える＝冷《ひ》えびえとする。
凍《い》てつく＝凍《こお》りつくように寒《さむ》い。

カトリーヌ
「花冷《はなび》え」の「花《はな》」って、桜《さくら》のことなのね。

先生
そう。桜《さくら》の花《はな》が咲《さ》くころっていうのは、暖《あたた》かくなったり、寒《さむ》くなったりをくり返《かえ》すんだ。気候《きこう》がまだ安定《あんてい》していないっていうことだね。

シューイン
「三寒四温《さんかんしおん》」っていうやつですか？

ジョン
三日《か》寒《さむ》かったら、四日《か》暖《あたた》かいってことか？

先生
そうだね。つまり春《はる》は、暖《あたた》かくなったり寒《さむ》くなったりをくり返《かえ》しながら、少《すこ》しずつゆっくりとやってくるということだよ。

カトリーヌ
寒《さむ》くても、花《はな》（桜《さくら》）って聞《き》くと、なんだか明《あか》るい未《み》来《らい》が待《ま》っているような感《かん》じで、胸《むね》がワクワクするね。

先生
日本人《にほんじん》は喜《よろこ》びも悲《かな》しみも、それを季節《きせつ》にかさねて表《ひょう》現《げん》してきたんだ。

まほろば

カトリーヌ、フランスってどんな国《くに》？
お料理《りょうり》がおいしくて、古《ふる》いものが大切《たいせつ》にされるとてもいい国《くに》よ
ジョン、アメリカは？
自然《しぜん》が雄大《ゆうだい》でなんてったって自由《じゆう》の国《くに》さ
中国《ちゅうごく》はどうだ？シューイン
広《ひろ》くて人口《じんこう》が多《おお》くて、歴史《れきし》のある国《くに》です
先生《せんせい》、日本《にほん》はどうですか？
日本《にほん》も歴史《れきし》のゆたかな国《くに》だよ
それに四季《しき》があって人々《ひとびと》が人情深《にんじょうぶか》く、古《ふる》いものと新《あたら》しいものがうまくまじりあった国《くに》だよ
みんな、自分《じぶん》の国《くに》がまほろばなんだな
いまは日本《にほん》がまほろばで〜す！

意味《いみ》

すぐれたよい場所《ばしょ》のこと。すばらしい国《くに》。

使《つか》い方《かた》（引用《いんよう》）

大和《やまと》は 国《くに》のまほろば
たたなづく 青垣《あおがき》
山隠《やまごも》れる 大和《やまと》しうるは《わ》し
『古事記《こじき》』

訳《やく》

大和《やまと》（倭《やまと》）はすばらしいところだ。いくえにもかさなって連《つら》なる青《あお》い山々《やまやま》。その山々《やまやま》に囲《かこ》まれているこの国《くに》は、なんと美《うつく》しい国《くに》なのだろう。

類語《るいご》

理想郷《りそうきょう》＝理想的《りそうてき》なすばらしい社会《しゃかい》。
桃源郷《とうげんきょう》＝この世《よ》のものとは思《おも》えないほどすばらしい場所《ばしょ》。

ジョン

ふだんは、あまり聞《き》かない言葉《ことば》だな。

先生

日本人《にほんじん》でも使《つか》うことはほとんどないね。もう古語《こご》といってもいいだろうな。

シューイン

「まほら」とか「まほらま」とか、いったこともあったらしいですね。

先生

その「まほ」って、漢字《かんじ》では「真秀」と書《か》くんだ。

カトリーヌ

それって「真《しん》に秀《ひい》でている」、つまり「本当《ほんとう》にすばらしい」っていう意味《いみ》ね。

先生

そう。日本《にほん》だけでなく、この地球《ちきゅう》を、もっと「まほろば」にしていくのは、きみたち若者《わかもの》の役目《やくめ》だよ。

カトリーヌ
ジョン
シューイン

はーい！

ヒュ〜 ヒュ〜
あらっ？ なんの音《おと》 かしら
ヒュー ヒュー
ああ、冬《ふゆ》の風《かぜ》が電線《でんせん》を鳴《な》らしているんですよ
こういうのをもがり笛《ぶえ》っていうんですよ
へえ、そうなの シューイン よくそんなこと知《し》ってるわね
いやあ、それほどでも
てれっ
ヒュー ヒュー
でも、風《かぜ》がやんだのにまだ鳴《な》ってるわよ
いよっ、お二人《ふたり》さん 熱《あつ》いよ、熱《あつ》いよ！
ヒュー ヒュー
ばっかじゃないの？

意味《いみ》

冬《ふゆ》の強《つよ》い風《かぜ》が柵《さく》や竹垣《たけがき》などに吹《ふ》きつけて、ヒューヒューと笛《ふえ》を吹《ふ》いているような音《おと》を出《だ》すこと。

使《つか》い方《かた》（引用《いんよう》）

もがり笛《ぶえ》 子《こ》ども遊《あそ》べる 声《こえ》消《き》えて

『虚子句集《きょしくしゅう》』高浜虚子《たかはまきょし》

訳《やく》

もがり笛《ぶえ》が音《おと》を立《た》てて鳴《な》っている。さっきまであそんでいた子《こ》どもたちも、さすがに寒《さむ》いのか、もうここにはだれもいなくなった。

類語《るいご》

木枯《こが》らし＝秋《あき》の終《お》わりから冬《ふゆ》の初《はじ》めにかけて吹《ふ》く冷《つめ》たい風《かぜ》。

寒風《かんぷう》＝冬《ふゆ》に吹《ふ》く冷《つめ》たく寒《さむ》い風《かぜ》。

もがり笛《ぶえ》の笛《ふえ》はわかったけど、「もがり」っていったいなんだい？

一説《いっせつ》によると「もがれ木《ぎ》」の意味《いみ》で、漢字《かんじ》では「虎落《もがり》笛《ぶえ》」って書《か》くんです。

へえ、そうなんだ。でもどうして漢字《かんじ》で「虎《とら》が落《お》ちる」って書《か》くのかしら。

「虎《とら》が落《お》ちる」というのは、竹《たけ》は表面《ひょうめん》がツルツルしていて、虎《とら》でも登《のぼ》れないという意味《いみ》さ。「もがり（虎《とら》を防《ふせ》ぐ柵《さく》）」からできた当《あ》て字《じ》なんだよ。

右《みぎ》ページのマンガのように、電線《でんせん》が鳴《な》っても「もがり笛《ぶえ》」なの？

そうだよ。冬《ふゆ》の風《かぜ》が物《もの》に当《あ》たって立《た》てる笛《ふえ》のような音《おと》は、みんな「もがり笛《ぶえ》」なんだ。テレビのアンテナ、鉄塔《てっとう》を吹《ふ》きぬける風《かぜ》なんかも「もがり笛《ぶえ》」だよ。

ああ、気《き》持《も》ちいいなー
ヤッホー！
まさに山笑《やまわら》うっていう感《かん》じよね
フフフフフッ
ギクッ
えっ
や…山《やま》が笑《わら》いましたーっ！
そんなわけないだろう だいいち、意味《いみ》がちがうし
でも…
フフフフッ
この落語《らくご》おもしろいな～
まぎらわしいことしないでください！
シューイン…
ぶちっ

意味《いみ》

山《やま》に花《はな》が咲《さ》きみだれ、全体《ぜんたい》がはなやいだ明《あか》るい雰囲気《ふんいき》につつまれる、春《はる》の山《やま》の感《かん》じをいう。

使い方《つかいかた》（引用《いんよう》）

故郷《ふるさと》や どちらを見《み》ても 山笑《やまわら》ふ

『子規句集《しきくしゅう》』正岡子規《まさおかしき》

訳《やく》

自然《しぜん》のゆたかなふるさとに帰《かえ》ってくると、周囲《しゅうい》の山々《やまやま》に花《はな》が咲《さ》き、新緑《しんりょく》が美《うつく》しい。

類語《るいご》

満開《まんかい》＝花《はな》が全部《ぜんぶ》開《ひら》ききること。
咲《さ》きそろう＝花《はな》が一度《いちど》に開《ひら》くこと。
咲《さ》き誇《ほこ》る＝花《はな》が誇《ほこ》らしげに美《うつく》しく咲《さ》いていること。

先生
日本《にほん》ならではの風景《ふうけい》をうまく言《い》いあらわしたのが、この「山笑《やまわら》う」なんだ。

ジョン
これって、四季《しき》のなかでも春《はる》の季節《きせつ》っぽいな。

先生
そのとおり。じつは春以外《はるいがい》にも、山《やま》や自然《しぜん》に対《たい》する思《おも》いをあらわしている言葉《ことば》があるんだ。たとえば、夏《なつ》の山《やま》は「山《やま》したたる」っていうし。

シューイン
それは、「緑《みどり》がいっぱい」ということですね。

先生
そうだよ。秋《あき》の山《やま》は「山《やま》よそおう」だ。

カトリーヌ
秋《あき》は「山《やま》が紅葉《こうよう》する」ということでしょう?

先生
あたり。そして冬《ふゆ》は「山眠《やまねむ》る」。

ジョン
これは雪《ゆき》が降《ふ》ったりして、シーンと静《しず》まりかえっていることだな。

あけぼの

朝《あさ》5時《じ》
チュンッ
チュンッ
コケコッコー
民宿《みんしゅく》
ありあけ
ジョン、シューイン！起《お》きて、起《お》きて！
空《そら》がすごくきれい！
早起《はやお》きじゃね、おじょうちゃん
鳥《とり》の声《こえ》で目《め》がさめちゃって気《き》持《も》ちのいい朝《あさ》ですね
まだあけぼののじゃからもう少《すこ》し寝《ね》とったらええのに
山《やま》のあけぼのって最高《さいこう》…
むにゃむにゃ
バタン
ぐえっ！
く、苦《くる》しい！かなしばりだぁ！
さわやかな朝《あさ》が台無《だいな》し

意味《いみ》

ほのぼのと夜《よ》が明《あ》ける時間帯《じかんたい》。ほんのりと明《あか》るくなった夜明《よあ》け。

使《つか》い方《かた》（引用《いんよう》）

春《はる》はあけぼの。や《よ》うや《よ》う白《しろ》くなりゆくやまぎは《わ》、すこしあかりて、むらさきだちたる雲《くも》のほそくたなびきたる。

『枕草子《まくらのそうし》』

訳《やく》

春《はる》は明《あ》け方《がた》ごろがよい。だんだんと白《しろ》くなっていく山《やま》に接《せっ》している空《そら》が、少《すこ》し明《あか》るくなって、紫《むらさき》がかった雲《くも》が細《ほそ》くたなびいている景色《けしき》は、まことにすばらしい。

夜明《よあ》けをあらわす言葉《ことば》

朝《あさ》ぼらけ＝うっすら明《あか》るい夜明《よあ》け。

シューイン

あけぼののように、ほのぼのとするような時間《じかん》に起《お》きたことなんて、めったにありません。

カトリーヌ

もったいないわよ。すごくきれいなんだから。

ジョン

その、きれいな夜明《よあ》けをあらわす言葉《ことば》って、たくさんあるんだな。

先生

「朝明《あさあ》け」「有明《ありあけ》」「東雲《しののめ》」など、たくさんあるよ。

カトリーヌ

「あけぼの色《いろ》」っていうのがあるんですってね。

ジョン

うすい赤《あか》に黄色《きいろ》がまざったような色《いろ》だろ。

シューイン

中国原産《ちゅうごくげんさん》で「メタセコイア」っていう木《き》があるんですけど、日本名《にほんめい》では「あけぼの杉《すぎ》」っていうんです。

先生

この木《き》は、紅葉《こうよう》したときの色《いろ》が、あけぼの色《いろ》に似《に》ているから、この名《な》がついたという説《せつ》もあるようだね。

あとの白波《しらなみ》

フーーッ
ふわ
ふわ
シャボン玉《だま》って
すぐに消《き》えて
しまうのね
パチンッ
パチンッ
まったく
あとの白波《しらなみ》です
ポリ
ポリ
おいっ、
シューイン！
一人《ひとり》で
食《く》うなよ！
あーーっ、
もうない！
からっ
ポテトチップス
お菓子《かし》だって
あとの白波《しらなみ》
なんですねえ
いっしょに
しないで！

意味《いみ》

船《ふね》が進《すす》んだあとにできる白《しろ》い波《なみ》。すぐに消《き》えてしまうことから、「はかないもの」のたとえ。

使《つか》い方《かた》（引用《いんよう》）

世《よ》の中《なか》を 何《なに》にたとへ《え》む 朝《あさ》ぼらけ こぎゆく舟《ふね》の あとの白波《しらなみ》

『拾遺集《しゅういしゅう》』

訳《やく》

世《よ》の中《なか》をいったいなににたとえたらよいだろう。まだ夜《よ》が明《あ》けきらないうちにこぎ出《だ》す舟《ふね》の後《うし》ろにできる白波《しらなみ》のように、あっという間《ま》にはかなく消《き》えてしまうものなのか。

類語《るいご》

夢幻《むげん》＝夢《ゆめ》やまぼろしのようにはかないもの。

シューイン

お菓子《かし》の量《りょう》が少《すく》ないから、「はかない」になっちゃうんですよね。

先生

そういうことじゃないと思《おも》うよ。上《うえ》の囲《かこ》みで引用《いんよう》した『拾遺集《しゅういしゅう》』の歌《うた》には元歌《もとうた》があるんだ。『万葉集《まんようしゅう》』の中《なか》の「世《よ》の中《なか》を なににたとへ《え》む 朝開《あさびら》き こぎ去《い》にし舟《ふね》の跡《あと》なきごとし」というのがそれだよ。

ジョン

よく似《に》てるけど、ちがうな。

先生

こっちの歌《うた》は「舟《ふね》の跡《あと》なき」となっているね。つまり「いまあったものがない（世《よ》の中《なか》はあっという間《ま》に変《か》わっていく）」という意味《いみ》なんだね。

カトリーヌ

「あとの白波《しらなみ》」のほうは、すぐに消《き》えてしまうはかないものだけど、その波《なみ》の形《かたち》はとても美《うつく》しいものだといっているような気《き》がするわ。

先生

カトリーヌの解釈《かいしゃく》だね。とてもいい解釈《かいしゃく》だと思《おも》うよ。

うたかた

見《み》て見《み》て! 大《おお》きいのが できた♡
ふわんっ
ふわんっ
きれいですねえ
でも シャボン玉《だま》って うたかたの命《いのち》 なんですよね
当《あ》たりまえじゃん いつまでも のこっていられたら 大《おお》めいわくだ
いやねえ、ジョンって ムードが ないんだから
でもほら、あそこに いつまでも のこっている シャボン玉《だま》が ありますよ
まあ、本当《ほんとう》! あんなに高《たか》く 上《あ》がって
ジョン、ほらほら!
うそ! どうやって 作《つく》ったんだ?
わたしって 天才《てんさい》かも!
なんだ、風船《ふうせん》か

意味《いみ》

水《みず》にうかぶ泡《あわ》。はかなく消《き》えやすいことのたとえに使《つか》われる。

使《つか》い方《かた》（引用《いんよう》）

ゆく河《かわ》の流《なが》れは絶《た》えずして、しかももとの水《みず》にあらず。よどみに浮《う》かぶうたかたは、かつ消《き》え、かつ結《むす》びて、久《ひさ》しくとどまりたるためしなし。

『方丈記《ほうじょうき》』

訳《やく》

ゆく川《かわ》の流《なが》れは絶《た》えることがなく、しかもその水《みず》は以前《いぜん》に見《み》た水《みず》と同《おな》じものではない。よどみにうかんでいる泡《あわ》も、いっぽうでは消《き》え、いっぽうではできあがり、けっしていつまでも同《おな》じ形《かたち》でのこっているわけではないのである。

カトリーヌ

石《せっ》けんの泡《あわ》、シャボン玉《だま》、水面《すいめん》にできる泡《あわ》…。みんな、うたかたのいのちなのね。

先生

そういえば、森鷗外《もりおうがい》という作家《さっか》の作品《さくひん》に『うたかたの記《き》』というのがあったね。

カトリーヌ

ドイツを舞台《ぶたい》にした小説《しょうせつ》よね。日本《にほん》の画《が》学生《がくせい》と不幸《ふこう》な生《お》いたちの花《はな》売《う》り娘《むすめ》のお話《はなし》よ。雨《あめ》の湖《みずうみ》に、はかなく消《き》えた恋《こい》の話《はなし》ね。

ジョン

ところで、おふろでするおならも、うたかたかなあ。

カトリーヌ

いやあねえ。どうしてジョンはそうなの？

ジョン

生《う》まれつきだもん、しかたないよ。なあ、シューイン。あれ、寝《ね》ちゃってる。シューインの鼻《はな》ちょうちんは、うたかたじゃないぞ！　出《で》たり引《ひ》っこんだりしてる。

カトリーヌ

もうやだ、この二人《ふたり》！

暮《く》れなずむ

ん？
なにやってんだ？ シューイン
この暮《く》れなずむ街《まち》が暗《くら》くなるまでの時間《じかん》をはかっているんです
ひまねえ わたしだったら、この時間《じかん》をゆったりと楽《たの》しむわ
キッ
いいえ、だめです なんでも科学的《かがくてき》に解明《かいめい》しなければ
グゥ〜
……
シューインの腹時計《はらどけい》が鳴《な》るのはお昼《ひる》を食《た》べてから何時間何分後《なんじかんなんぷんご》？
くすくすっ
なんでも科学的《かがくてき》に解明《かいめい》するんだろ？
きっかり6時間後《じかんご》です！
ちゃんとわかってんだ…
グゥ〜ッ

意味《いみ》

日《ひ》が暮《く》れそうで暮《く》れない状態《じょうたい》。「なずむ」は「とどこおる」「すんなり進《すす》まない」という意味《いみ》。

使《つか》い方《かた》

河原《かわら》に人影《ひとかげ》はなく、暮《く》れなずむ空《そら》に、飛行機雲《ひこうきぐも》が一本《ぽん》のびている。

類語《るいご》

暮《く》れゆく＝少《すこ》しずつ暮《く》れていく時間《じかん》の流《なが》れ。

暮《く》れのこる＝すっかり暮《く》れきらず明《あか》るさがのこる。

カトリーヌ　シューイン、結局《けっきょく》、暮《く》れなずむまで何分《なんぷん》かかったの？

シューイン　おなかがすきすぎて、はかれませんでした。

ジョン　科学《かがく》も空腹《くうふく》には負《ま》けるのか。情《なさ》けねえ。

カトリーヌ　むかしの日本語《にほんご》には、「はっきりしない、ぼんやりとした時間《じかん》」が多《おお》いのよ。「朝《あさ》ぼらけ」とか、「夕《ゆう》まぐれ」とかね。そういう「はっきりとしない時間《じかん》や様子《ようす》」を楽《たの》しむ文化《ぶんか》が日本《にほん》にはあったんじゃない？

先生　すごい分析《ぶんせき》だね。「あけぼの」「たそがれ」「たまゆら」など、みんなそうだね。たしかに、とくにむかしの言葉《ことば》にはそうした表現《ひょうげん》が多《おお》い。それが日本《にほん》の古《ふる》い言葉《ことば》の大《おお》きな特徴《とくちょう》ともいえるんだ。

ジョン　シューインの「腹時計《はらどけい》」は、けっこう正確《せいかく》だよな。

しじま

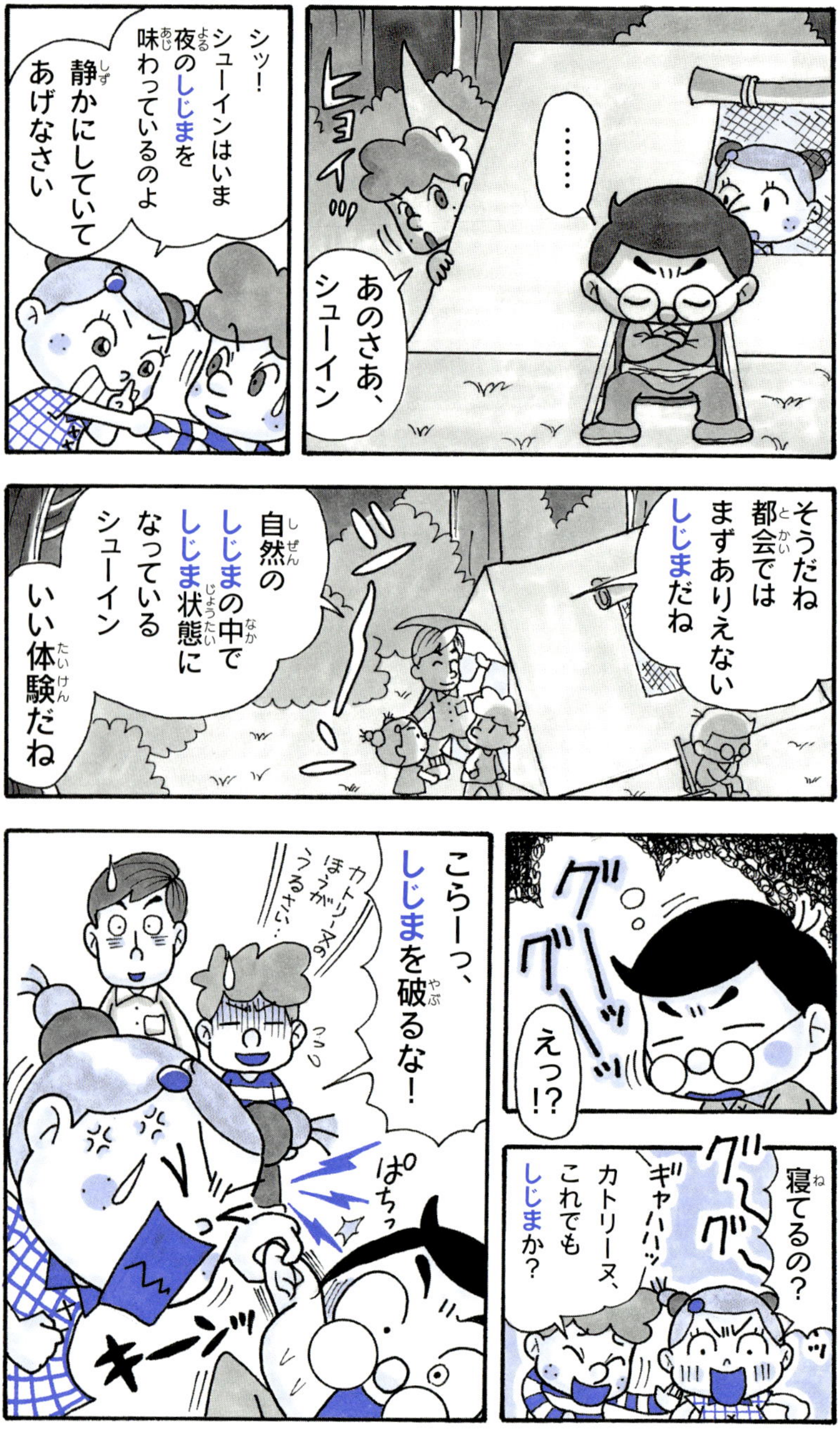
……
ヒョイ
あのさあ、シューイン
シッ！
シューインはいま
夜《よる》のしじまを
味《あじ》わっているのよ
静《しず》かにしていて
あげなさい
そうだね
都会《とかい》では
まずありえない
しじまだね
自然《しぜん》の
しじまの中《なか》で
しじま状態《じょうたい》に
なっている
シューイン
いい体験《たいけん》だね
グーグーッ
えっ!?
寝《ね》てるの？
ギャハハッ
カトリーヌ、
これでも
しじまか？
グ〜グ〜
こらーっ、
しじまを破《やぶ》るな！
カトリーヌのほうがうるさい…
ぱちっ
キーン

意味《いみ》

だまっていること。シーンと静《しず》まりかえっていること。

使《つか》い方《かた》（引用《いんよう》）

耳《みみ》を澄《す》ますと夜《よる》の沈黙《しじま》の中《なか》にも声《こえ》はあった。

『或《あ》る女《おんな》』有島武郎《ありしまたけお》

訳《やく》

耳《みみ》をすましてみると、夜《よる》の静《しず》けさの中《なか》からも聞《き》こえてくる声《こえ》があった。

類語《るいご》

沈黙《ちんもく》＝だまってなにもしゃべらないこと。音《おと》を出《だ》さないこと。

静寂《せいじゃく》＝静《しず》まりかえって物音《ものおと》ひとつしないこと。

緘黙《かんもく》＝口《くち》を閉《と》じてだまること。

シューイン

いやあ、しじまにひたっているうちに、しじまを破《やぶ》る結果《けっか》になってしまって、すいませんです。

カトリーヌ

まったくよ。でもわたし、「しじま」って、暗《くら》やみのことだとばかり思《おも》っていたわ。

先生

「夜《よる》のしじま」なんていうからね。そう思《おも》いこんでいる人《ひと》は、おとなにも多《おお》いみたいだよ。

ジョン

じゃあ、静《しず》かだったら、「昼下《ひるさ》がりの山《やま》の頂上《ちょうじょう》のしじま」なんていう使《つか》い方《かた》をしてもいいわけだ。

先生

そういうことだね。もともとは口《くち》を閉《と》じてだまっていることをいった言葉《ことば》で、口《くち》を「しじめる→ちぢめる」というところからきているという説《せつ》もあるんだ。

ジョン

それはカトリーヌにプレゼントしたい言葉《ことば》だな。

カトリーヌ

大《おお》きなお世話《せわ》。

時分《じぶん》どき

いかがですか？この美容液《びようえき》、夜《よる》ぬると次《つぎ》の朝《あさ》、お肌《はだ》がツルツルに…
ペラ ペラ ペラ ペラ ペラ
はあ
いまならお試《ため》し価格《かかく》でお安《やす》く…
イラッ
あ、お昼《ひる》のしたくですか？
待《ま》ちきれなくてなにしろ時分《じぶん》どきですから
ああ、ちがうちがう
ちょっと貸《か》してキャベツの千切《せんぎ》りはね…
トントン トントン トントン
まえにレストランで働《はたら》いていたもので
まあ、おみごとねえ
じゃあ、玉《たま》ねぎを上手《じょうず》に切《き》るコツはあるかしら？
えっ
あの…
それから大根《だいこん》のかつらむきもお願《ねが》い
それより化粧品《けしょうひん》を…
そうそう、パスタの上手《じょうず》なゆで方《かた》は？
お母《かあ》さんナイス！
すみません、おいとまします
すごすご

意味《いみ》

食事《しょくじ》どき。きまった食事《しょくじ》の時刻《じこく》。

使い方《つかいかた》（引用《いんよう》）

時分《じぶん》どきだのにちっとも気《き》が付《つ》きませんで…。

『吾輩《わがはい》は猫《ねこ》である』夏目漱石《なつめそうせき》

訳《やく》

食事《しょくじ》の時刻《じこく》ですのに、ちっとも気《き》がつきませんで…。

類語《るいご》

めしどき

ご飯《はん》どき

カトリーヌ：シューインのお母《かあ》さん、ことわり方《かた》が上手《じょうず》ねぇ。

シューイン：いえ、あれは本気《ほんき》でした。「時分《じぶん》どき」だと言《い》って、なんとか追《お》いかえそうとしたのはぼくです。

ジョン：食事《しょくじ》のしたくをすれば帰《かえ》るだろうと思《おも》ったわけか。それにしても、「時分《じぶん》」は「自分《じぶん》」のまちがいだろう。

先生：まちがいじゃないよ。「時分《じぶん》」っていうのは、「ちょうどいいタイミング」のことなんだ。

シューイン：食事《しょくじ》はいつもきまった時間《じかん》にするのが体《からだ》にいいと、むかしから考《かんが》えられていたので、「時分《じぶん》」って書《か》くんですよね。

先生：それから「時分触《じぶんぶ》れ」という言葉《ことば》があって、これは、「ご飯《はん》ですよ〜」と知《し》らせてまわることなんだよ。

シューイン：ちょっと失礼《しつれい》します。「時分《じぶん》どき」になりましたのでごはんを食《た》べに行《い》ってきます。

たそがれ

もうすっかりたそがれね
あしたも晴《は》れかな?
たそがれどきって散歩《さんぽ》している人《ひと》が多《おお》いですね
ほら、向《む》こうからまた一人《ひとり》来《き》ましたよ
どこかで見《み》たような人《ひと》だな
ひそひそ
う〜ん
わたし、写真《しゃしん》で見《み》た気《き》が…
たそがれどきは顔《かお》がよく見《み》えないからそんな気《き》がするんですよ
はっ
ひょっとして指名手配犯《しめいてはいはん》!?
この顔《かお》に
ときた
振《ふ》り込《こ》めサギ
地元《じもと》のサッカーチームの選手《せんしゅ》だよ!
今年《ことし》も、J2《ジェイツー》の下位《かい》争《あらそ》いだけどさ!
応援《おうえん》よろしく!!
マリナス
あっ

意味《いみ》

夕方《ゆうがた》のうす暗《ぐら》い時間帯《じかんたい》。日《ひ》が暮《く》れかかるころ。

使《つか》い方《かた》（引用《いんよう》）

たそがれどきのたどたどしきほど…。『増鏡《ますかがみ》』

訳《やく》

夕暮《ゆうぐ》れどきのはっきりしないころで…。

類語《るいご》

夕刻《ゆうこく》＝日暮《ひぐ》れどき。

入相《いりあい》＝夕暮《ゆうぐ》れどき。太陽《たいよう》が西《にし》の山《やま》にかくれるころ。

晩方《ばんがた》＝夕方《ゆうがた》。

薄暮《はくぼ》＝夕暮《ゆうぐ》れどき。

ジョン

「たそがれ」って、よく聞《き》く言葉《ことば》だよな。

シューイン

なぜか、朝《あさ》や夕方《ゆうがた》を表現《ひょうげん》する言葉《ことば》って多《おお》いんです。

カトリーヌ

このあと、いろいろな言《い》い方《かた》が登場《とうじょう》するわよ。

先生

それはそうと「たそがれ」のもとの言葉《ことば》だけど、「誰《た》そ彼《かれ》（あれはだれ？）」という意味《いみ》なんだ。

シューイン

つまり、うす暗《ぐら》くて、だれだかよくわからないような時間《じかん》、ということですね。

ジョン

さっきの話《はなし》にもどるけど、どうして朝《あさ》や夕方《ゆうがた》をあらわす言《い》い方《かた》が多《おお》いのかな。そういえば昼間《ひるま》をあらわす言葉《ことば》って、あまり聞《き》かないぜ。

先生

朝《あさ》や夕方《ゆうがた》の、すがすがしさやもの悲《がな》しさが、日本人《にほんじん》の心《こころ》にしみるんだろうね、きっと。

ブ〜ン
パチンッ
よっしゃ、やったぞ!
なんとたまゆらの命《いのち》じゃのう
おじいさん、蚊《か》にも名前《なまえ》をつけているんですか?
それもたまゆらなんて、おしゃれな名前《なまえ》ね
そうではない「たまゆら」というのは、そもそも『万葉集《まんようしゅう》』以来《いらい》の古《ふる》い言葉《ことば》でな
『万葉集《まんようしゅう》』といえば…
30分後《ぷんご》…
…であるからして…
かえろ…
「たまゆら」ってきっと「長《なが》い」っていう意味《いみ》なんですよ
そうね、説明《せつめい》がこんなに長《なが》いんだもんね

意味《いみ》

ほんのひととき。わずかな時間《じかん》。
ひじょうに短《みじか》いあいだ。

使《つか》い方《かた》（引用《いんよう》）

たまゆらに　昨日《きのう》の夕《ゆうべ》　見《み》しものを
今日《きょう》の朝《あした》に　恋《こ》ふべきものか

『万葉集《まんようしゅう》』

訳《やく》

昨夜《さくや》のほんの短《みじか》いひととき、お会《あ》いしたばかりなのに、一夜《いちや》が明《あ》けてお帰《かえ》りになると、もうこんなにもあなたが恋《こい》しくなるなんて、こんなことがあってよいものでしょうか。

類語《るいご》

せつな＝あまりにも短《みじか》い時間《じかん》。ほんのいっしゅん。

ジョン

カトリーヌの言《い》ったことと、まるっきり意味《いみ》が反対《はんたい》じゃんか。

カトリーヌ

そうね。まさか「いっしゅんのあいだ」だなんて。

シューイン

漢字《かんじ》では「玉響《たまゆら》」と書《か》くそうですよ。

先生

そうだよ。玉《たま》が触《ふ》れあうかすかな音《おと》から、「かすかな時間《じかん》」の意味《いみ》になったらしいんだ。

ジョン

先生《せんせい》が「～らしい」なんて自信《じしん》のないこと言《い》っちゃだめでしょう。

先生

現在《げんざい》では、ほとんど使《つか》う場面《ばめん》のないほど、古《ふる》い言葉《ことば》なんだよ。それでもとてもきれいなひびきだから、こういう言葉《ことば》ものこしておきたいものだよね。

シューイン

うふふっ、うまく逃《に》げましたね。

夜《よ》もすがら

おはよ~ございます~
ふらふら
シューイン、ぼぉ~っとしてどうしたんだよ
夜《よ》もすがら本《ほん》を読《よ》んでいたんです
ふぁ~~っ
シューインがそんなに夢中《むちゅう》になる本《ほん》っていったら、またむずかしい本《ほん》なんでしょ?
ええ、むずかしい絵本《えほん》でした
絵本《えほん》?
それがなんでむずかしいんだよ
この絵《え》はどういう人《ひと》が描《か》いたんだろうとか、この山《やま》はどうして緑《みどり》にぬらないで青《あお》くぬってあるんだろうとかいろいろ考《かんが》えていたら、朝《あさ》になってしまっ…
…って聞《き》いてます?
つきあいきれませーん
すたすた…

意味《いみ》

夜《よる》のあいだじゅうずっと。ひと晩《ばん》じゅう。夜通《よどお》し。

使い方《つかいかた》（引用《いんよう》）

名月《めいげつ》や　池《いけ》をめぐりて　夜《よ》もすがら
『孤松《こしょう》』松尾芭蕉《まつおばしょう》

訳《やく》

空《そら》には＊中秋《ちゅうしゅう》の名月《めいげつ》がうかんでおり、それが池《いけ》にくっきりと映《うつ》っている。あまりの美《うつく》しさに、池《いけ》のまわりをひと晩《ばん》じゅう歩《ある》いてしまった。

＊中秋《ちゅうしゅう》の名月《めいげつ》……陰暦《いんれき》八月《がつ》十五日《にち》の満月《まんげつ》。

類語《るいご》

夜《よ》っぴて＝ひと晩《ばん》じゅう。夜《よる》のあいだじゅう。徹夜《てつや》。
終夜《しゅうや》＝夜通《よどお》し。夜《よる》から朝《あさ》まで。

ジョン

シューインさあ、絵本《えほん》を読《よ》んで徹夜《てつや》する人《ひと》なんて、聞《き》いたこともないぜ。

シューイン

おはずかしいです。ところで「夜《よ》もすがら」って漢《かん》字《じ》でどう書《か》くか、知《し》っていますか？

カトリーヌ

話《はな》をすりかえたわね。知《し》ってるわ。漢字《かんじ》では「終夜」とか「通夜」って書《か》くのよ。

先生

さらに「終宵」「通宵」という書《か》き方《かた》もあったんだよ。宵《よい》（夕方《ゆうがた》）から、すでに夜《よる》と考《かんが》えていたんだね。

ジョン

「夜《よ》もすがら」が夜通《よどお》しだろう？「昼間《ひるま》じゅう」の場合《ばあい》も、なんか別《べつ》の言葉《ことば》があるのかな。

先生

それは、少《すこ》し先《さき》に出《で》てくるから、そこで勉強《べんきょう》しよう。

シューイン

ヒント。「ひねもす」がそれですね。

カトリーヌ

言《い》っちゃダメでしょ！

夜《よ》なべ

お母《かあ》さん、あしたまでにぞうきん二枚《まい》ぬってください
いまから用事《ようじ》があるのに
やれやれ、今夜《こんや》は夜《よ》なべだわ
えっ、夜《よ》なべ？
まあ、あんたのためならしかたないわね
わーい！ありがとう、お母《かあ》さん
今夜《こんや》は「なべ」って言《い》ったのに〜っ
わーんっ
「今夜《こんや》は夜《よ》なべ」って言《い》ったんだけど

意味《いみ》

夜《よる》おそい時刻《じこく》まで仕事《しごと》をすること。夜《よ》なべ仕事《しごと》。

使《つか》い方《かた》（引用《いんよう》）

夜《よる》は夜《よる》で、夜業《よなべ》もしねで、教員《きょういん》の試験《しけん》を受《う》けっとかなんとかぬかして…。

『緑《みどり》の芽《め》』佐佐木俊郎《ささきとしろう》

訳《やく》

夜《よる》は夜《よる》で、仕事《しごと》もしないで、教員《きょういん》試験《しけん》を受《う》けるなどと言《い》って…。

類語《るいご》

夜業《やぎょう》＝夜《よる》に仕事《しごと》をすること。

残業《ざんぎょう》＝勤務時間《きんむじかん》を過《す》ぎたあとも仕事《しごと》をすること。

徹夜《てつや》＝ひと晩《ばん》じゅう。夜通《よどお》し。ひと晩《ばん》じゅう寝《ね》ないですること。

カトリーヌ　シューインったら、「夜《よ》なべ」のことを「夜《よる》の鍋《なべ》」だと思《おも》ったのね。

シューイン　おはずかしいです。

先生　「夜《よ》なべ」は、「昼夜《ちゅうや》をならべて仕事《しごと》をする」というところからきた言葉《ことば》だという説《せつ》もあるんだ。

ジョン　へえ～、おれはまた、「夜《よる》、鍋《なべ》でグツグツ煮物《にもの》をしながら仕事《しごと》をすること」かと思《おも》った。

先生　じつはその説《せつ》もあるんだ。「夜《よる》に豆《まめ》をコトコトと煮《に》ながら仕事《しごと》をすること」だともいわれているんだよ。

カトリーヌ　ジョンも、たまには夜《よ》なべで勉強《べんきょう》してみたら？

シューイン　その場合《ばあい》は、「夜《よる》おそくまで勉強《べんきょう》する」という意味《いみ》ですね。

ジョン　説明《せつめい》しなくてもわかってるよ！

ひねもす

もしもし?
ふぁ〜〜っ
あっ シューイン?
おまえ、もしかして ずっと 寝《ね》てたのか?
朝《あさ》も昼《ひる》も夕方《ゆうがた》も 電話《でんわ》したのに、「いま寝《ね》てるのよ」って おばさんに 言《い》われてさぁ
はい、ひねもす 寝《ね》ていました
なにか あったんですか?
いや、きょう 子《こ》ども祭《まつ》りで 肉《にく》まん食《た》べ放題《ほうだい》を やってたから、教《おし》えてあげようと 思《おも》ってさ
そんなだいじなこと、どうして教《おし》えて くれなかったんですか!
ひねもす 寝《ね》てたんだろ! おれに おこんなよ!
あー〜っ
一生《いっしょう》の不覚《ふかく》!

意味《いみ》

昼間《ひるま》。朝《あさ》から夕方《ゆうがた》まで。終日《しゅうじつ》。

使《つか》い方《かた》（引用《いんよう》）

春《はる》の海《うみ》 ひねもすのたり のたりかな

『蕪村句集《ぶそんくしゅう》』与謝蕪村《よさぶそん》

訳《やく》

春《はる》の海《うみ》は、一日《いちにち》じゅうゆるい波《なみ》が寄《よ》せては返《かえ》して、まことにのどかなものだ。

類語《るいご》

日暮《ひぐ》らし＝一日《いちにち》じゅう。

丸一日《まるいちにち》＝一日《いちにち》じゅう。朝起《あさお》きてから夜寝《よるね》るまで。

終日《しゅうじつ》＝一日《いちにち》じゅうずっと。

カトリーヌ
肉《にく》まんを食《た》べそこなったくらいで、なにが「一生《いっしょう》の不覚《ふかく》」よ。それにしてもよく、昼間《ひるま》ずっと寝《ね》ていられるわね。

シューイン
はい、ぼくの特技《とくぎ》です。

先生
前《まえ》に「夜《よ》もすがら」について勉強《べんきょう》しただろう？それにたいして「日《ひ》もすがら」という言葉《ことば》もあったんだ。それが転《てん》じて「ひねもす」になったと考《かんが》えられているんだよ。

ジョン
それじゃ、「昼《ひる》はひねもす、夜《よ》もすがら」っていったら、二十四時間《じかん》まるまるってわけか。

シューイン
いくらぼくでも、そんなには寝《ね》ていられません。

カトリーヌ
「日《ひ》がな一日《いちにち》」っていうのも、「一日《いちにち》じゅう」ということよね。

ジョン
じゃあ「日《ひ》がな一日《いちにち》」サッカーするかな。

おっ！
パタ パタ
よっ、お兄《にい》さん！いきだねぇ
ジョン…
なに、息《いき》がくさい？
ぎょうざを食《く》ったんだどこが悪《わる》い！
そうじゃなくて、「いき」ですねと言《い》ったんです
なんだと！いい気《き》になってるだと
センスがいいって言《い》ったのよ
なにーっ、扇子《せんす》がいい？
だったらやるよ！
ったく、最近《さいきん》の子はずうずうしい！
だめだこりゃ、ただの酔《よ》っぱらいだ

意味《いみ》

さっぱりとしていて、いやみがないこと。センスがいいこと。身《み》ぶりやふるまいが洗練《せんれん》されていて、かっこいいこと。

使《つか》い方《かた》

この町《まち》は、伝統文化《でんとうぶんか》が根《ね》づいているせいか、道《みち》ゆく人《ひと》も粋《いき》だね。

類語《るいご》

あかぬけている＝都会的《とかいてき》でやぼったくないこと。
うす皮《かわ》のむけた＝センスがいい。
しょうしゃな＝気《き》がきいてすっきりしている様子《ようす》。

ジョン
いまの日本《にほん》じゃもう、「いき」って言葉《ことば》は通用《つうよう》しないのかな。

シューイン
外国出身《がいこくしゅっしん》のぼくらが言《い》うのも、おかしな話《はなし》ですけどね。

カトリーヌ
「いき」っていうのは、「粋《いき》」って書《か》くのよね。

先生
多《おお》くの本《ほん》や情報《じょうほう》では、そう書《か》かれているね。でも本当《ほんとう》は「意気《いき》」と書《か》くのが正《ただ》しいんだよ。

ジョン
辞書《じしょ》にも「粋《いき》」ってのってたんだけど…。

先生
「意気《いき》から転《てん》じた言葉《ことば》」って書《か》いてなかったかい？「粋《いき》」と書《か》かれるようになったのは、明治《めいじ》になってからなんだ。だからもう、「粋《いき》」という漢字《かんじ》がすっかり定着《ていちゃく》しているね。

シューイン
「いき」っていうのは、江戸庶民《えどしょみん》の感覚《かんかく》から生《う》まれた言葉《ことば》なんですよね。

勇《いさ》み肌《はだ》

たいへん、シューイン、助《たす》けてあげて
ワンワン
ウ〜〜ッ
えっ、ぼくですか?
ダッ
おうおう、弱《よわ》い者《もの》いじめするんじゃねえや!
ジョン!
なんでぇ、だらしねえ犬《いぬ》だ
キャンッキャンッ
わぁっ、ジョンって本当《ほんとう》は勇《いさ》み肌《はだ》だったのね
なぁに、どうってことねえよ
じゃ、おれは先《さき》を急《いそ》ぐから
はぁ〜っ、見直《みなお》しちゃったわぁ
いまの犬《いぬ》、ジョンの家《いえ》のパトラッシュですよ
えっ?
よしよし、パトラッシュよくやった
女《おんな》の子《こ》の前《まえ》でかっこつけようとしたのね
サイテーですね
ジャーキー

意味《いみ》

勇気《ゆうき》があって威勢《いせい》のいい性格《せいかく》。

使《つか》い方《かた》（引用《いんよう》）

あのべらんめえと来《き》たら、勇《いさ》み肌《はだ》の坊《ぼ》っちゃんだから愛嬌《あいきょう》がありますよ。

『坊《ぼ》っちゃん』夏目漱石《なつめそうせき》

訳《やく》

あの江戸《えど》っ子《こ》を気《き》どったやつときたら、やたら威勢《いせい》のいい坊《ぼ》っちゃんで、かわいいもんですよ。

類語《るいご》

競《きお》い肌《はだ》＝弱《よわ》い者《もの》に味方《みかた》する正義感《せいぎかん》の強《つよ》い性格《せいかく》。
勇猛《ゆうもう》＝勇《いさ》ましく強《つよ》いこと。
健気《けなげ》＝心《こころ》がけや態度《たいど》がしっかりしているさま。

カトリーヌ

ジョン、もうばれてるんだけど。

ジョン

てへっ、ちょっと江戸《えど》っ子《こ》の気分《きぶん》を味《あじ》わいたくてさ。

シューイン

ジョンはロサンゼルス生《う》まれなんだから、江戸《えど》っ子《こ》にはなれません！

カトリーヌ

それはそうと、どうして「肌《はだ》」なのかしらね。

先生

「肌《はだ》」という言葉《ことば》には、「気質《きしつ》・気性《きしょう》」という意味《いみ》があるし、江戸《えど》っ子《こ》が威勢《いせい》のいいところを見《み》せるときは、着物《きもの》の袖《そで》をまくって、グイッと肌《はだ》を見《み》せるからだともいうよ。

ジョン

そういえば協力《きょうりょく》することを「ひと肌《はだ》ぬぐ」なんて言《い》うな。

シューイン

「ようし、ひと肌《はだ》ぬごうじゃねえか」っていう言葉《ことば》は、たしかに威勢《いせい》がいいですね。

おしゃま

おじさん、おばさん、こんにちは
いらっしゃい
あら みゆちゃん、かわいいワンピースね
そう？ わたしとしてはパステルカラーのほうが好《この》みなんだけどな
それもよく似合《にあ》ってるわよ
ギンガムチェックのスカートをはいてきたかったんだけど、きょうは、たまたまこれにしただけ
ひそ
みゆちゃん、ずいぶんおしゃまになったわね
ひそ
髪《かみ》もね、本当《ほんとう》はゆるふわのセットにしてほしかったんだけど時間《じかん》がなかったの
カトリーヌはあいかわらずね
くすっ
どういう意味《いみ》？
ここまでくるとおしゃまを通《とお》りこして生《なま》意《い》気《き》だわ

意味《いみ》

年《とし》のわりにませていて、少《すこ》し生意《なまい》気《き》だが、それがかわいく感《かん》じられる女《おんな》の子《こ》のこと。

使《つか》い方《かた》（引用《いんよう》）

おしゃまな云《い》い方《かた》をして又人形《またにんぎょう》をいじり出《だ》したが…。

『都会《とかい》』生田葵山《いくたきざん》

訳《やく》

ませた言《い》い方《かた》をして、また人形《にんぎょう》をさわったり、なでたりしはじめたが…。

類語《るいご》

おませ＝ませていること。そのさまや、そのような子《こ》ども。

こまっしゃくれた＝子《こ》どもがおとなぶって、生意気《なまいき》であるさま。

シューイン

カトリーヌの家《いえ》に来《き》た子《こ》は、結局《けっきょく》「おしゃま」ではなかったんですね。

カトリーヌ

そうね。「かわいい」っていうより、ちょっと生意気《なまいき》な感《かん》じなのよ。

ジョン

これって、女《おんな》の子《こ》のことをさす言葉《ことば》だろ? 男《おとこ》だったらなんていうんだ?

シューイン

それは「わんぱく」でしょう。

カトリーヌ

こっちも「かわいい」っていう感《かん》じがする言葉《ことば》ね。

先生

どちらも、ほどほどがいいんだ。度《ど》が過《す》ぎれば、「おしゃま」は生意気《なまいき》になるし、「わんぱく」は、あばれん坊《ぼう》、となって、ちょっと困《こま》っちゃうからね。

ジョン

「わんぱく」な女《おんな》の子《こ》を「おてんば」という言《い》い方《かた》をするよな。

おもはゆい

わあっ、きれい、かわいいい！
いやあね 小《ちい》さい子《こ》って 正直《しょうじき》だからぁ
なんだか おもはゆいわぁ
すごくきれい、なんて かわいいんだろう
やだぁ、もう まあ、自分《じぶん》でも かわいいと 思《おも》うけどー
ねえ、そのシュシュ どこで 買《か》ったの？
シュシュ？

意味《いみ》

きまりが悪《わる》い。照《て》れくさい。

使《つか》い方《かた》（引用《いんよう》）

僕《ぼく》はこの春《はる》、「私《わたし》」といふ主人公《しゅじんこう》の小説《しょうせつ》を書《か》いたばかりだから二度《ど》つづけるのがおもはゆいのである。

『道化《どうけ》の華《はな》』太宰治《だざいおさむ》

訳《やく》

僕《ぼく》はこの春《はる》、自分《じぶん》が主人公《しゅじんこう》の小説《しょうせつ》を書《か》いたばかりなので、二度《ど》続《つづ》けて書《か》くのが照《て》れくさいのだ。

類語《るいご》

くすぐったい＝じっとしていられないほど照《て》れくさい。

汗顔《かんがん》＝顔《かお》に冷《ひ》や汗《あせ》をかくほどはずかしく感《かん》じること。

ジョン

かわいいのはシュシュのことで、残念《ざんねん》だったな。

シューイン

カトリーヌ、とってもおもはゆそうでしたね。

カトリーヌ

おもはゆいって、どんな漢字《かんじ》を書《か》くのかしら。

先生

まあまあ、むりに話《はな》を変《か》えなくてもいいよ。漢字《かんじ》では「面映《おもは》ゆい」って書《か》くんだよ。「面《おも》」は顔《かお》のこと。「映《は》ゆい」は、相手《あいて》がかがやいているようにまぶしい、という意味《いみ》さ。

シューイン

つまり、「まぶしくてまともに顔《かお》が見《み》られない」から「照《て》れくさい」となったわけですね。

先生

そう。かんちがいをしたカトリーヌは、おもはゆくて子《こ》どもたちの顔《かお》をまともに見《み》られなかったというわけだね。

カトリーヌ

そういうわけだね。

けれんみ

ワイ
ワイ
シューインって、どうして みんなから 人気《にんき》があるんだ?
きっと けれんみのない 性格《せいかく》だからじゃ ない?
おれだって けれんみは ないぞ
いままで 一度《ど》だって うそを ついたことが ないし、
めちゃくちゃ つつしみ深《ぶか》い 男《おとこ》なんだけどな
どこが!!
みんなで 言《い》わなくても…

意味《いみ》

大《おお》げさなこと。人目《ひとめ》を引《ひ》くようなハデなこと。ごまかし。はったり。

使《つか》い方《かた》

あの作家《さっか》の小説《しょうせつ》は、けれんみのない文章《ぶんしょう》で書《か》かれており、幅広《はばひろ》い読者《どくしゃ》層《そう》から人気《にんき》がある。

類語《るいご》

針小棒大《しんしょうぼうだい》＝ものごとを必要以上《ひつよういじょう》に大《おお》げさに言《い》うこと。

掛《か》け値《ね》＝値段《ねだん》を実際《じっさい》より高《たか》くつけること。大《おお》げさに言《い》うこと。

向《む》こう受《う》け＝広《ひろ》く一般《いっぱん》の人気《にんき》を得《え》ること。

先生

「けれんみ」は、もともと芝居《しばい》の世界《せかい》にあった言葉《ことば》なんだ。

ジョン

役者《やくしゃ》には、大《おお》げさな人《ひと》が多《おお》いってこと？

先生

ちがうよ。芝居《しばい》を演技力《えんぎりょく》や芸《げい》などで勝負《しょうぶ》するんじゃなく、ハデな「宙《ちゅう》づり」や「早《はや》がわり」などでお客《きゃく》をおどろかせることを「けれん」といったんだ。

シューイン

あっ、それじゃあ「み」というのは「味《あじ》」と書《か》くんじゃありませんか？

先生

そのとおり。漢字《かんじ》では「外連味《けれんみ》」と書《か》くんだよ。けれんの要素《ようそ》、ということかな。

カトリーヌ

それでむかしは「けれんみのない芸《げい》だから大好《だいす》き」という言《い》い方《かた》をしたのね。

先生

みんなも、けれんみのない生活《せいかつ》を送《おく》ろうよ。シューインみたいにね。

そこはかとなく

あれっ、
おやつに出《だ》そうと
思《おも》っていた
ようかんがない
おかしいな
たしかに
ここに入《い》れて
おいた…
ペロペロ
タマ、
おまえか？
じっ
ねこは
ようかんなんて
食《た》べないんじゃない？
いや、ぼくは
そこはかとなく
タマだと
思《おも》うんだ
ねこのせいに
すんなよ
どうせおまえが
食《た》べちゃったん
だろ
ちがいます！

意味《いみ》

はっきりとはしないけれど、なんとなくそう感《かん》じられること。

使《つか》い方《かた》（引用《いんよう》）

つれづれなるままに、日《ひ》ぐらし硯《すずり》にむかひて、心《こころ》に移《うつ》りゆくよしなし事《ごと》を、そこはかとなく書《か》きつくれば、あやしうこそものぐるほ《お》しけれ。

『徒然草《つれづれぐさ》』

訳《やく》

とくにすることもなく一日《にち》を過《す》ごし、硯《すずり》に向《む》かって、心《こころ》にうかんでくるとりとめもないことを、はっきりとした目的《もくてき》もなくただなんとなく書《か》いていると、みょうにばかばかしい気《き》持《も》ちになってくるものだ。

ジョン
シューインはなにか証拠《しょうこ》があって、犯人《はんにん》はタマじゃないかと思《おも》ったのか？

シューイン
いいえ、はっきりとした証拠《しょうこ》はないんです。そこはかとなく、そう思《おも》っただけです。あいつ、甘党《あまとう》のねこだし。

先生
もともと「そこはかと」という言葉《ことば》があって、それは「どこがどうなっているのか、はっきりしている」という意味《いみ》なんだ。

カトリーヌ
ということは、その「そこはかと」がない、つまり「はっきりとしていない」ということなのね。

先生
そのとおり。上《うえ》の使《つか》い方《かた》にあげた『徒然草《つれづれぐさ》』の文章《ぶんしょう》には、「そこはかとなく」のほかにも「なんとなく、ぼんやりとした」という意味《いみ》の言葉《ことば》が書《か》かれているんだ。わかるかな？

ジョン
ええと、「つれづれ」「よしなし事《ごと》」もそうだ！

たたずまい

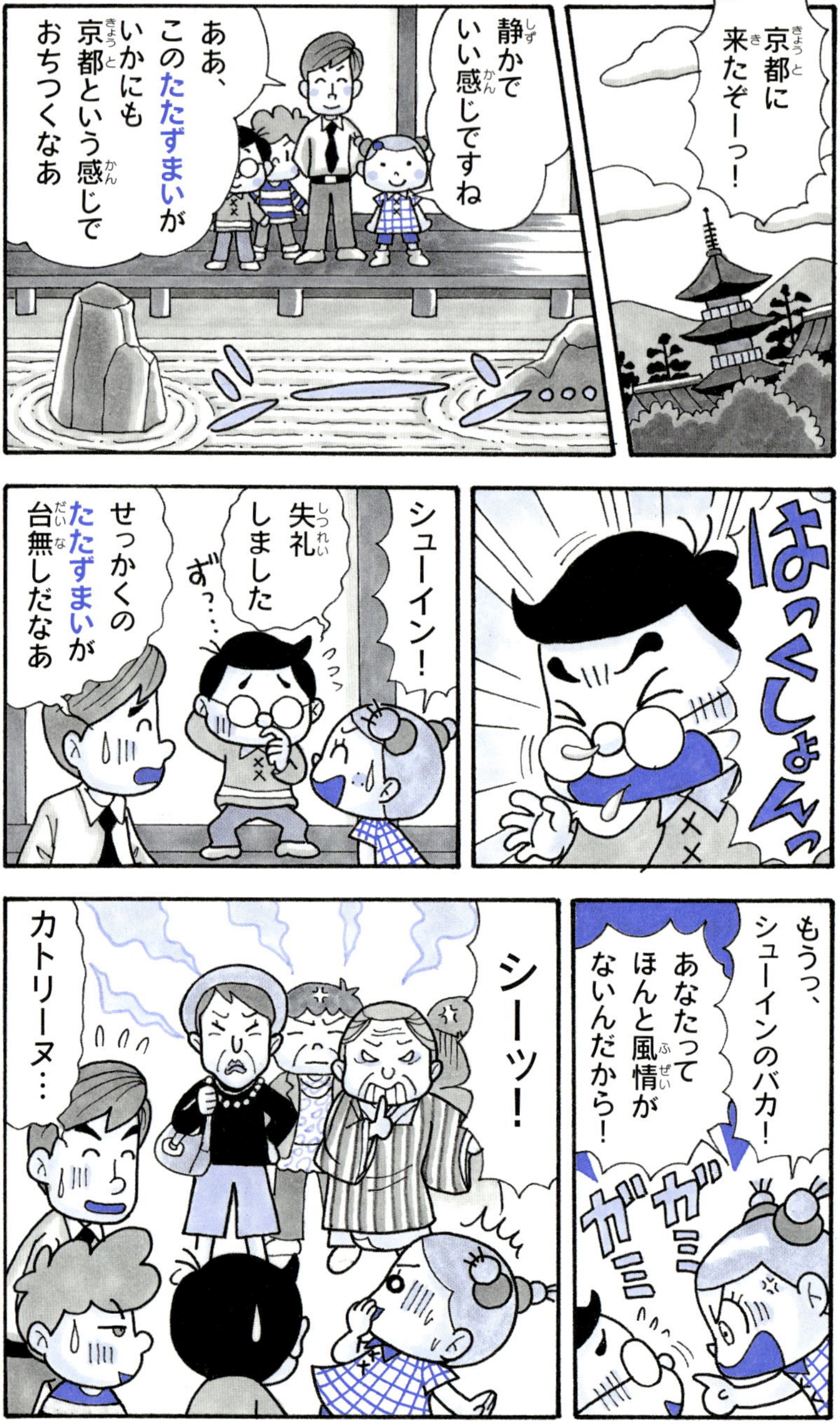
京都《きょうと》に来《き》たぞーっ！
静《しず》かでいい感《かん》じですね
ああ、このたたずまいがいかにも京都《きょうと》という感《かん》じでおちつくなあ
はっくしょんっ
シューイン！
失礼《しつれい》しました
ずっ…
せっかくのたたずまいが台無《だいな》しだなあ
もうっ、シューインのバカ！
あなたってほんと風情《ふぜい》がないんだから！
ガミガミ
シーーッ！
カトリーヌ…

意味《いみ》

じっと立《た》っている様子《ようす》。そこにあるもののありさま。味《あじ》わい深《ぶか》い様子《ようす》。

使い方《つかいかた》（引用《いんよう》）

世《よ》の常《つね》の山《やま》のたたずまひ《い》、水《みず》の流《なが》れ、目《め》に近《ちか》き人《ひと》の家居《いえい》ありさま、げにと見《み》え…。
『源氏物語《げんじものがたり》』帚木《ははきぎ》

訳《やく》

こちらのなにげない山《やま》の姿《すがた》や、川《かわ》の流《なが》れ、見《み》なれた人家《じんか》の様子《ようす》が、たしかにそのとおりだと思《おも》え…。

類語《るいご》

趣《おもむき》＝ありさま。様子《ようす》。
風情《ふぜい》＝味《あじ》わい。
情緒《じょうちょ》＝しっとりと深《ふか》みのある様子《ようす》。

カトリーヌ

失礼《しつれい》しました。だけど、もとはシューインのせいなのよ。

ジョン

「たたずまい」という言葉《ことば》は、庭《にわ》などのことだけをさすんじゃなさそうだな。

先生

いいところに気《き》がついたね。そう、「たたずまい」というのは、静《しず》かな様子《ようす》で、そこにいる人《ひと》などのこともさすんだよ。

カトリーヌ

ふうん。じゃあ、風景《ふうけい》ということかしら。

シューイン

ただの景色《けしき》じゃなく「風情《ふぜい》」があったり、「趣《おもむき》」がある様子《ようす》のことですよ。

ジョン

つまり、そこに「味《あじ》わい」があるんだな。

先生

広《ひろ》い意味《いみ》では、人《ひと》の生《い》き方《かた》や暮《く》らし方《かた》などのことでもあるんだ。「人《ひと》さまざまのたたずまい」という言《い》い方《かた》のようにね。

やぼてん

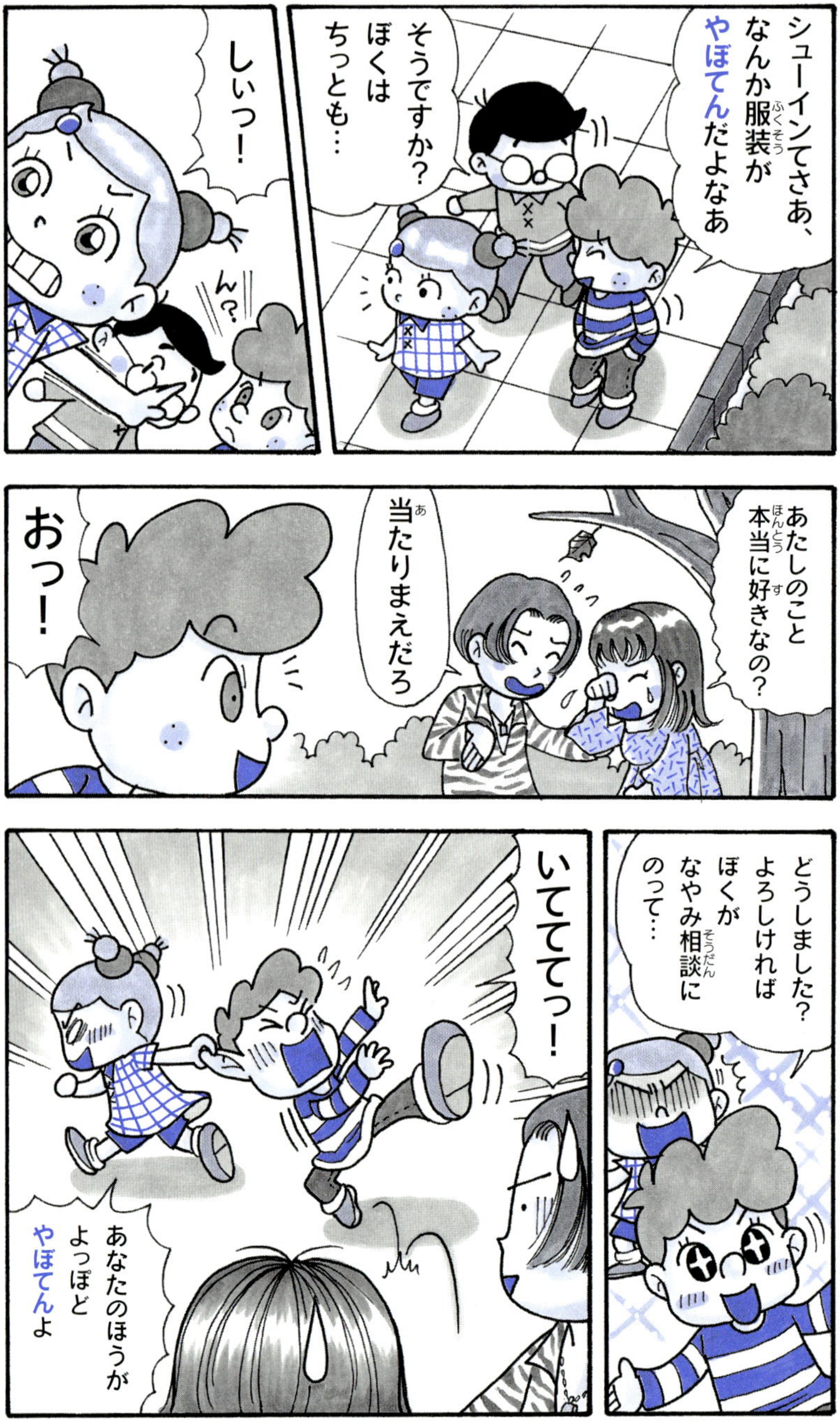
シューインてさあ、なんか服装《ふくそう》がやぼてんだよなあ
そうですか?ぼくはちっとも…
ん?
しぃっ!
あたしのこと本当《ほんとう》に好《す》きなの?
当《あ》たりまえだろ
おっ!
どうしました?よろしければぼくがなやみ相談《そうだん》にのって…
いててて っ!
あなたのほうがよっぽどやぼてんよ

意味《いみ》

とびきりセンスが悪《わる》いこと。恋愛《れんあい》感情《かんじょう》にうとい。気《き》がきかないこと。

使《つか》い方《かた》（引用《いんよう》）

神《かみ》ならば　出雲《いずも》の国《くに》に　行《い》くべきに　目白《めじろ》で開帳《かいちょう》　やぼのてんじん

『調布日記《ちょうふにっき》』大田南畝《おおたなんぽ》

訳《やく》

神様《かみさま》だというならば、出雲《いずも》の国《くに》（島根県東部《しまねけんとうぶ》）へ行《い》くべきなのに、目白《めじろ》（東京都豊島区《とうきょうととしまく》）などで開帳《かいちょう》＊するなんて、気《き》のきかないことをするものだ。

類語《るいご》

無骨《ぶこつ》＝作法《さほう》を知《し》らない者《もの》。風流《ふうりゅう》がわからない者《もの》。

シューイン

ぼくが言《い》われた「やぼてん」とカトリーヌが言《い》った「やぼてん」では、意味《いみ》がちがいますね。

カトリーヌ

そうよ。シューインはジョンに「服装《ふくそう》がダサイ、センスが悪《わる》い」って言《い》われたんでしょ？　わたしはジョンに、「気《き》がきかないわね」って言《い》ったのよ。

先生

そのとおり。「やぼてん」には両方《りょうほう》の意味《いみ》があるんだ。もともとは「ヤボ」という言葉《ことば》だった。

ジョン

それじゃあ、「てん」はなんのためにあるんだ？

先生

それは「とっても」という、ていどのひどさをあらわしているのさ。江戸時代《えどじだい》の狂歌師《きょうかし》・大田南畝《おおたなんぽ》が、東京《とうきょう》の国立市《くにたちし》にある「谷保天満宮《やぼてんまんぐう》」の神様《かみさま》が、出雲《いずも》まで行《い》くべきところを目白《めじろ》で開帳《かいちょう》したのをからかって、「やぼてん」とよんだとする説《せつ》もあるんだ。

＊開帳《かいちょう》……ふだんは閉《し》めた扉《とびら》の中《なか》に安置《あんち》している秘仏《ひぶつ》を信者《しんじゃ》に公開《こうかい》すること。

いただき立《だ》ち

ああ、おいしかったわ ごちそうさま
ママ、そろそろ帰《かえ》らないとピアノのレッスンにまにあわないわ
ああ、そうだったわね
ガタッ
あの、いただき立《だ》ちで失礼《しつれい》ですが、これでおいとまいたします
お気《き》になさらないでまたいらしてくださいね
次《つぎ》はグルメガイドの本《ほん》をお持《も》ちしますね 卵料理《たまごりょうり》のとってもおいしいお店《みせ》があるんです
それはうれしいわ
そこ近《ちか》いんですの？
ん？
車《くるま》で20分《ぷん》くらいですの
あっ、そうそう
パスタのおいしいお店《みせ》ものってますのよ
まあ、行《い》ってみたいわ
とくにそこのペペロンチーノといったら、そりゃもう最高《さいこう》で…
ペチャクチャ
ちっともいただき立《だ》ちじゃないじゃない

意味《いみ》

よそで食事《しょくじ》をごちそうになったすぐあとに、席《せき》を立《た》って帰《かえ》ること。

使い方《つかいかた》

申《もう》しわけありません。いただき立《だ》ちになりますが、これで失礼《しつれい》させていただきます。

類語《るいご》

いとま＝別《わか》れること。帰《かえ》ること。

いとまごい＝帰《かえ》ると告《つ》げること。休《やす》みを願《ねが》い出《で》ること。

いただき立《だ》ちですがおいとまします
もぐもぐ

ジョン
カトリーヌのママは、「いただき座《ずわ》り」だな。

カトリーヌ
まったく、グルメの話《はなし》となったら止《と》まらないんだから、いやになっちゃう。

シューイン
「いただく」は食《た》べる、飲《の》むの敬語《けいご》ですよね。「立《た》つ」も、敬語《けいご》ですか？

先生
この場合《ばあい》の「立《た》つ」は「出発《しゅっぱつ》する」という意味《いみ》だから、敬語《けいご》とはちがうんだ。

ジョン
それにしてもこれって、「食《く》い逃《に》げ」みたいだな。

先生
おいおい、代金《だいきん》をふみたおすわけじゃないんだから、それは言《い》いすぎだよ。ただし、「いただき立《だ》ち」は、あまりいいことではないので、よほどのことがないかぎり、さけたほうがいいと思《おも》うよ。

カトリーヌ
シューインは、いつも「いただき立《だ》ち」よね。

痛《いた》みいる

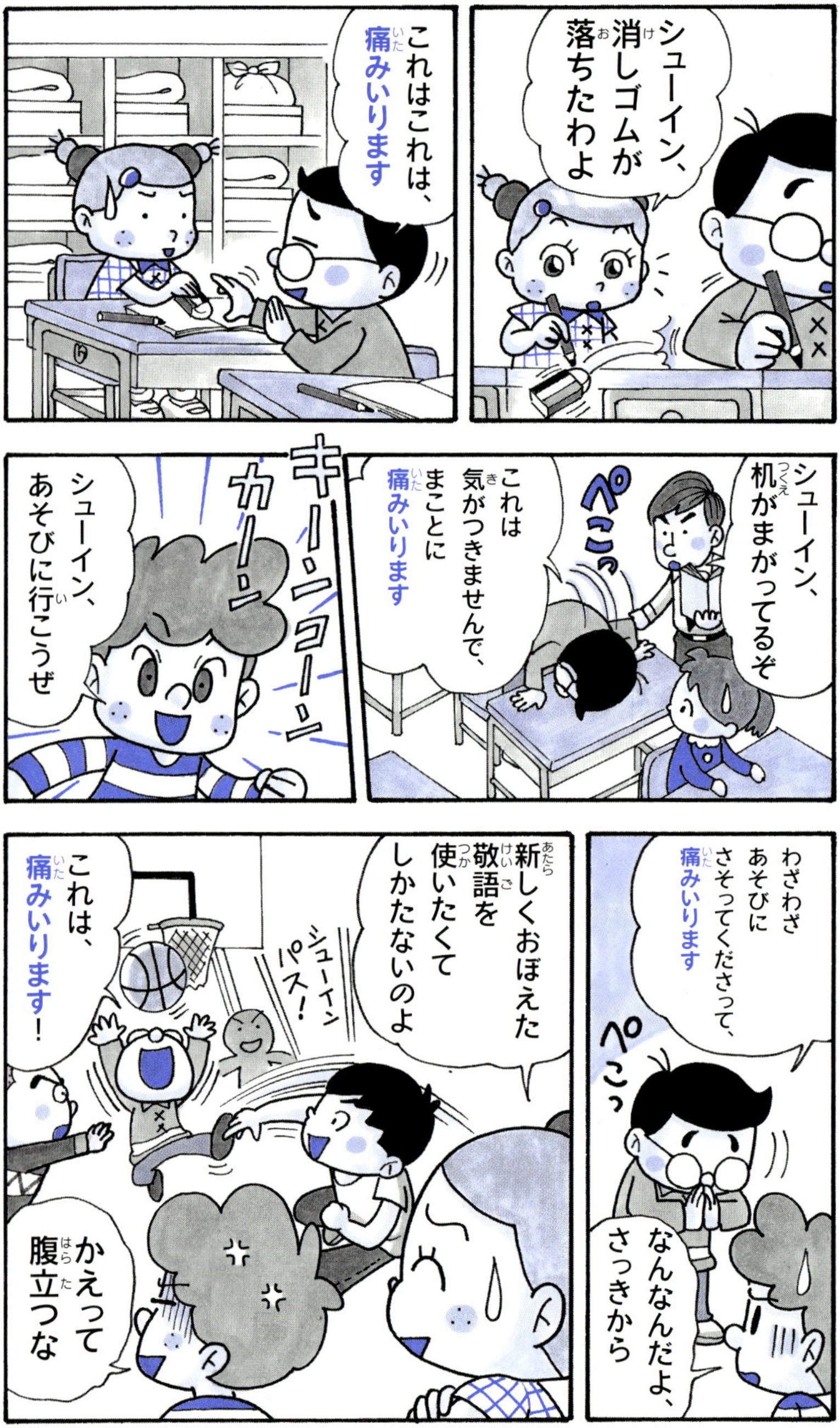
シューイン、消《け》しゴムが落《お》ちたわよ
これはこれは、痛《いた》みいります
シューイン、机《つくえ》がまがってるぞ
ぺこっ
これは気《き》がつきませんで、まことに痛《いた》みいります
キーンコーン
カーンコーン
シューイン、あそびに行《い》こうぜ
わざわざあそびにさそってくださって、痛《いた》みいります
ぺこっ
なんなんだよ、さっきから
新《あたら》しくおぼえた敬語《けいご》を使《つか》いたくてしかたないのよ
シューインパス！
これは、痛《いた》みいります！
かえって腹立《はらた》つな

意味《いみ》

相手《あいて》の親切《しんせつ》や、おこないに恐縮《きょうしゅく》して、ありがたく思《おも》うこと。

使《つか》い方《かた》

お祝《いわ》いの品《しな》をとどけてくださったうえに、はげましのお手紙《てがみ》までちょうだいして、痛《いた》みいります。

類語《るいご》

恐縮《きょうしゅく》＝身《み》がちぢむような気《き》がするほどおそれいること。

おそれいる＝ひじょうに申《もう》しわけなく思《おも》うこと。

心苦《こころぐる》しい＝申《もう》しわけなく、すまない気持《きも》ちがすること。

ジョン

やたらと使《つか》いすぎるのは、かえって失礼《しつれい》だぞ。

シューイン

そうですか？　それは痛《いた》みいります。

カトリーヌ

当分《とうぶん》だめそうね。でもどうして感謝《かんしゃ》の気持《きも》ちが「痛《いた》み」なのかしら。

先生

「痛《いた》み」には、「お世話《せわ》、骨折《ほねお》り、心配《しんぱい》、苦労《くろう》」といった意味《いみ》がこめられているのさ。「いる」は、その気持《きも》ちを強調《きょうちょう》するはたらきをするんだ。

シューイン

つまり、「とてもご心配《しんぱい》をおかけしました」とか、「たいへんなお骨折《ほねお》りをいただき、ありがとうございます」といった意味《いみ》なのですね。

先生

そう。それだけ相手《あいて》の親切《しんせつ》に対《たい》して、感謝《かんしゃ》する気持《きも》ちが強《つよ》いということだね。

シューイン

なるほど。教《おし》えてくださり、痛《いた》みいります。

お持《も》たせ

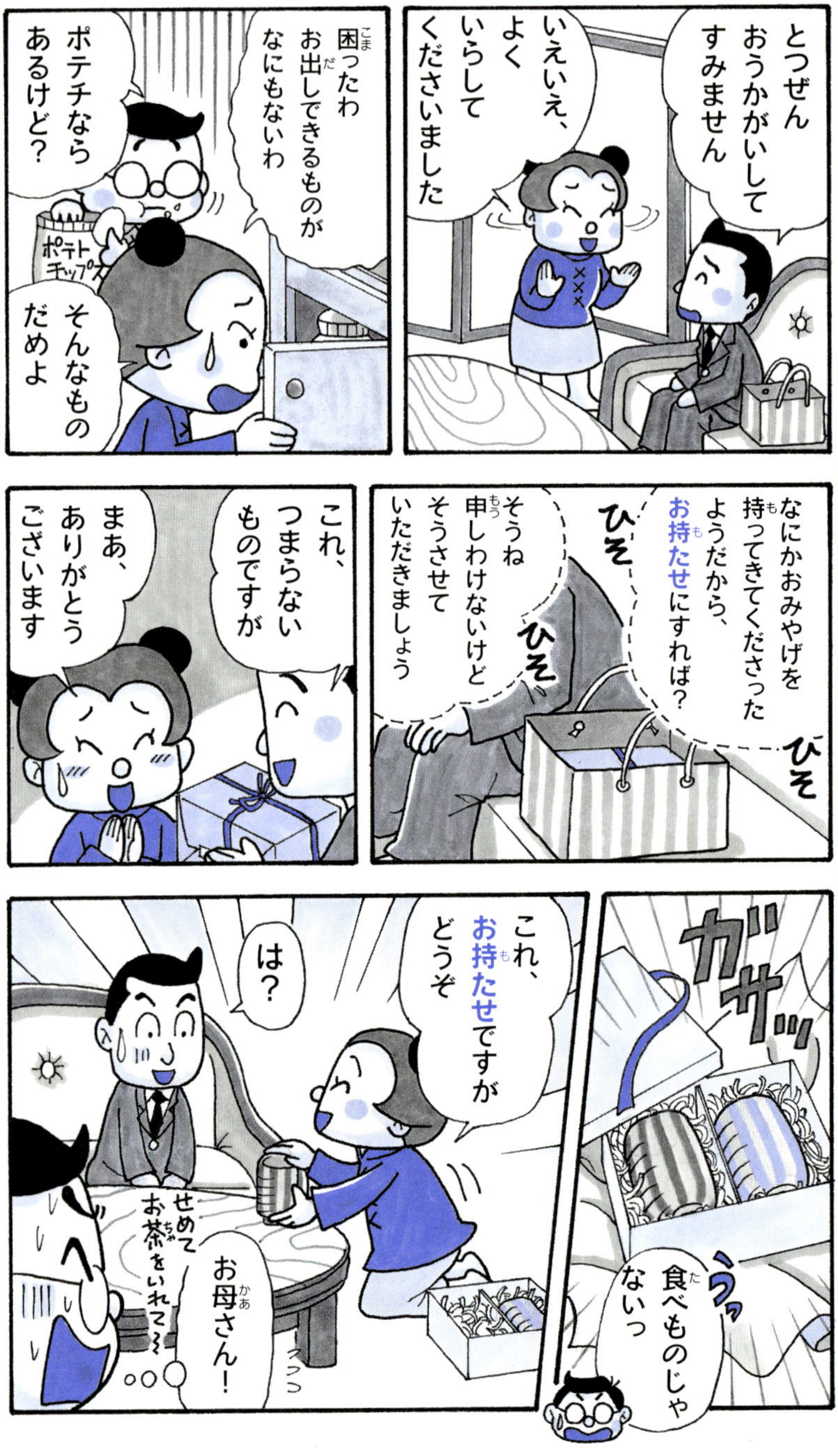
とつぜん おうかがいして すみません
いえいえ、よく いらして くださいました
困《こま》ったわ お出《だ》しできるものが なにもないわ
ポテチなら あるけど?
ポテトチップス
そんなもの だめよ
なにかおみやげを 持《も》ってきてくださった ようだから、 お持《も》たせにすれば?
ひそ
ひそ
ひそ
そうね 申《もう》しわけないけど そうさせて いただきましょう
これ、 つまらない ものですが
まあ、 ありがとう ございます
ガサッ
うっ
食《た》べものじゃ ないっ
これ、 お持《も》たせですが どうぞ
は?
お母《かあ》さん!
せめてお茶《ちゃ》をいれて〜

意味《いみ》

客《きゃく》が持《も》ってきた手《て》みやげの菓子《かし》などを、その場《ば》ですすめて、客《きゃく》をもてなすこと。

使い方《つかいかた》

お持《も》たせで恐縮《きょうしゅく》ですが、どうぞお召《め》し上《あ》がりください。

類語《るいご》

下《くだ》されもの＝目上《めうえ》の人《ひと》からもらった品物《しなもの》。

賜《たまわ》りもの＝目上《めうえ》の人《ひと》や、身分《みぶん》の高《たか》い人《ひと》からいただいた品物《しなもの》。

賜《たまもの》＝神仏《しんぶつ》からいただいた物《もの》。

手《て》みやげ＝手《て》にさげて持《も》っていくらいの、ちょっとしたみやげ物《もの》。

カトリーヌ　それでお客《きゃく》さんをもてなすっていうことは、お菓子《かし》みたいな食《た》べものじゃないとできないわね。

シューイン　うちのお母《かあ》さん、そそっかしいから。

ジョン　それにしても、連絡《れんらく》もなしにとつぜん訪《たず》ねてきたりするか？

先生　むかしは電話《でんわ》などの連絡手段《れんらくしゅだん》がない家《いえ》も多《おお》かったから、いきなりやってくるお客《きゃく》さんはめずらしくなかったんだよ。

カトリーヌ　いまとちがって、直接会《ちょくせつあ》ってお話《はな》しするしかなかったのね。

先生　そう。だからいつも来客用《らいきゃくよう》のお菓子《かし》を用意《ようい》してあるわけでもないので、お持《も》たせのお菓子《かし》を出《だ》すのは、ふつうのことだったんだよ。

ジョン　シューインの家《いえ》は、いつも、お菓子《かし》があるけどな。

心《こころ》づくし

カトリーヌ、誕生日《たんじょうび》おめでとーっ！
二人《ふたり》とも ありがとう なにかしら 開《あ》けてもいい？
どうぞ、どうぞ！
わぁ、かわいいい！
ありがとう、シューイン
ジョンは なにかしら
わくわく♪
ピタッ
…？
これぞ心《こころ》づくしのプレゼントさ
へぇ～っ、ありがと でも、もっと日本語《にほんご》をしっかり勉強《べんきょう》してね

意味《いみ》

相手《あいて》のために、あれこれと気《き》をつかうこと。心《こころ》をこめたおこない。

使《つか》い方《かた》

きょうは妹《いもうと》の誕生日《たんじょうび》だ。心《こころ》づくしのパーティーを開《ひら》いてあげよう。

類語《るいご》

まごころ＝いつわりのない真実《しんじつ》の心《こころ》。
好意《こうい》＝相手《あいて》に対《たい》する親愛《しんあい》の気持《きも》ち。
厚意《こうい》＝手厚《てあつ》い情《なさ》け。好意《こうい》よりも強《つよ》い。
志《こころざし》＝相手《あいて》を思《おも》いやり贈《おく》った物《もの》。
愛想《あいそ》＝人《ひと》に寄《よ》せる好意《こうい》。
老婆心《ろうばしん》＝おせっかいと思《おも》われるほどの親切心《しんせつしん》をへりくだっていう言葉《ことば》。

シューイン

プレゼントに、紙切《かみき》れはないでしょう。

ジョン

なに言《い》ってんだ。「心《こころ》」って書《か》いた紙《かみ》がいっぱいなんだから、「心《こころ》づくし」のプレゼントになるだろうよ。

先生

残念《ざんねん》だけどちがうんだ、ジョン。「心《こころ》づくし」というのは、行為《こうい》や品物《しなもの》にあらわれるものなんだよ。

ジョン

えっ、ものの値段《ねだん》じゃなくて、心《こころ》がこもっていればそれでいいんだと思《おも》ってたけどな。

先生

もちろん心《こころ》のこもっていることがいちばん大切《たいせつ》さ。でもそれを形《かたち》にあらわすのが「心《こころ》づくし」なのさ。「心《こころ》づくしの品《しな》」などというだろう？

カトリーヌ

それにあの「心《こころ》」って書《か》いた紙《かみ》、テスト用紙《ようし》の裏《うら》を使《つか》っていたでしょう。それも二十八点《てん》の。ちょうど点数《てんすう》の部分《ぶぶん》がそのままのこってたわよ。

あの人《ひと》、すごくきれいだわ 踊《おど》りも上手《じょうず》
きっと ゆかしい人《ひと》なんでしょうね
♪ちん とん♪ ♪しゃん♪
わかんねえぞ カトリーヌだって、まえに「まあ、ゆかしいおじょうちゃんね」なーんて言《い》われてたけど、ぜんぜんちがうしな
ムッ
なによ、それ！
いてて
終《お》わった、終《お》わった
わたし、さっきの女《おんな》の人《ひと》にサインもらってくる
楽屋《がくや》
…
カトリーヌ、どうした？
あー、あちあち 早《はや》くぬぎたいわ この着物《きもの》 ねえ、みんな、キューッとビールでものみにいこう
なっ、言《い》ったとおりだろ

意味《いみ》

むやみにめだちたがらず、ひかえめながら人《ひと》の心《こころ》を引《ひ》きつける魅力《みりょく》を持《も》っていること。おちついた美《うつく》しさ、やさしさ。

使《つか》い方《かた》（引用《いんよう》）

山路《やまじ》来《き》て　なにやらゆかしすみれ草《ぐさ》

「野《の》ざらし紀行《きこう》」松尾芭蕉《まつおばしょう》

訳《やく》

春《はる》の山道《やまみち》を越《こ》えてきて、なにげなく道《みち》ばたに目《め》をやると、そこには上品《じょうひん》でかわいいすみれが咲《さ》いていて、なんとなく心《こころ》が引《ひ》かれてしまう。

類語《るいご》

雅《みやび》やか＝しとやかで上品《じょうひん》な様子《ようす》。

温雅《おんが》＝上品《じょうひん》でおだやかな様子《ようす》。

カトリーヌ　ゆかしい人《ひと》って、なかなかいないのねえ。

シューイン　むかしは日本人《にほんじん》の理想《りそう》の姿《すがた》だといわれてたんですね。

ジョン　おやっ。ずっと寝《ね》てて、よく会話《かいわ》に参加《さんか》できるな。

シューイン　できますよ。「ゆかしい」はもともと、「心《こころ》がそちらに向《む》いていく」とか、「心《こころ》が引《ひ》かれる」といった意味《いみ》だったんです。

カトリーヌ　それじゃ「奥《おく》ゆかしい」っていう言葉《ことば》は？

シューイン　そ、それは…。奥様《おくさま》がゆかしいという意味《いみ》なんです。

先生　うそを教《おし》えるんじゃない！「奥《おく》ゆかしい」というのは、奥《おく》のほうまで行《い》ってみたいと思《おも》わせるほど、場所《ばしょ》やその人《ひと》の心《こころ》に深《ふか》みがあることを示《しめ》した言葉《ことば》なのさ。

カトリーヌ　芭蕉《ばしょう》は、めだたない美《うつく》しさに心《こころ》を引《ひ》かれたのね。

こんな言葉《ことば》もあるよ

みんなのおじいちゃん・おばあちゃんが子《こ》どものころ、聞《き》いたり言《い》われたりした言葉《ことば》だよ。

開《あ》けてびっくり玉手箱《たまてばこ》

「なにが出《で》てくるか楽《たの》しみに」という意味《いみ》。中《なか》になにが入《はい》っているのか、わくわくドキドキしながら開《あ》けるのを待《ま》っている状態《じょうたい》。意外《いがい》な物《もの》が入《はい》っていることを期待《きたい》させて、その場《ば》を盛《も》り上《あ》げるときに使《つか》われる。誕生日《たんじょうび》のプレゼントをもらったときなど、よくこう言《い》って箱《はこ》を開《あ》けたものである。

すべったの、転《ころ》んだの言《い》うな

「泣《な》き言《ごと》を言《い》うな」とか「言《い》いわけをするな」といった意味《いみ》。「すべったの、転《ころ》んだの」にとくに大《おお》きな意味《いみ》はないが、つまらないことを、あれこれ言《い》いたてることをいう。「なんだかんだと言《い》いわけを言《い》うんじゃない」という、相手《あいて》に対《たい》していらいらとした気持《きも》ちを持《も》っている場合《ばあい》に使《つか》うことが多《おお》い。

ちちんぷいぷい

小《ちい》さな子《こ》がすり傷《きず》をつくったり、どこかにぶつけて痛《いた》がっているときなどに親《おや》が口《くち》にする。子《こ》どもが痛《いた》がっている部分《ぶぶん》を、親《おや》が手《て》でさすって、「ちちんぷいぷい」と言《い》うと、言葉《ことば》のおかしさからか、痛《いた》いのを忘《わす》れてつい笑《わら》ってしまう。このあとに「痛《いた》いの痛《いた》いの、飛《と》んでけ～！」と続《つづ》けることが多《おお》い。

鳩《はと》が出《で》ますよ

写真館《しゃしんかん》で記念写真《きねんしゃしん》などを撮《と》るとき、撮影者《さつえいしゃ》が小《ちい》さな子《こ》どもに向《む》かって言《い》った言葉《ことば》。小《ちい》さな子《こ》どもは、キョロキョロとおちつかない。そんなときに「はい、鳩《はと》が出《で》ますよ」と言《い》うと、子《こ》どもは「本当《ほんとう》に鳩《はと》が出《で》るのか」と思《おも》って、ついカメラのほうを向《む》く。カメラマンのテクニックである。

さくいん

さくいん

た

体温計《たいおんけい》……91
駄菓子屋《だがしや》……97
たそがれ……134
たたずまい……156
脱脂粉乳《だっしふんにゅう》……89
たまゆら……136

ち

ちんどん屋《や》……83

と

豆腐屋《とうふや》のラッパ……95

な

流《なが》し……95
なかなか……54
ながむ(ながめ・ながめる)……56
なさけなし(なさけない)……58
なつかし(なつかしい)……60
涙雨《なみだあめ》……110

に

にほ《お》ふ《う》(におう)……62

の

ののしる……64

は

ハエとり紙《がみ》……93
ハエとり棒《ぼう》……93
量《はか》り売《う》り……95
はしたなし(はしたない)……66
柱時計《はしらどけい》……81
旗日《はたび》……87
花《はな》いかだ……112
花冷《はなび》え……114
はやく……68

ひ

肥後《ひご》の守《かみ》……87
ひねもす……142
日《ひ》めくり……81
百連発《ひゃくれんぱつ》……85
氷《ひょう》のう……91

さくいん

主な参考文献

・『全訳　古語例解辞典』　小学館
・『古語に聞く』　講談社
・『現代語から古語を引く辞典』　三省堂
・『懐かしい日本の言葉』　宣伝会議
・『昭和なつかし図鑑』　講談社文庫
・『昭和こども図鑑』　ポプラ社
・『昭和レトロ語辞典』　講談社
・『昭和が生んだ日本語』　大修館書店
・『日本の戦争　封印された言葉』　アスコム
・『声に出して読みたい日本語』　草思社
・『日本人が忘れてはいけない美しい日本の言葉』　青春出版社
・『コトバ・言葉・ことば　文字と日本語を考える』　青土社
・『美しい日本語の辞典』　小学館
・『日本を知りたい　和の美をめぐる50の言葉』　ハースト婦人画報社

ブックデザイン　高木菜穂子（ライムライト）
カバーイラスト　榊原唯幸
本文イラスト　さくま良子
校　正　志村由紀枝
編集協力　川原みゆき

国語《こくご》おもしろ発見《はっけん》クラブ
むかしの言葉《ことば》

発行　2013年4月　初版1刷

著　者　山口　理
発行者　今村正樹
発行所　株式会社　偕成社《かいせいしゃ》
〒162-8450 東京都新宿区市谷砂土原町3-5
電話（03）3260-3221（販売部）
（03）3260-3229（編集部）
http://www.kaiseisha.co.jp/

印刷
製本　大日本印刷（株）

ISBN978-4-03-629870-9　NDC810　174p.　22cm